博格论
指数基金

全新增订
10周年纪念版

THE LITTLE BOOK OF
COMMON SENSE INVESTING

指数基金之父

[美] 约翰·博格 ◎著
(John C. Bogle)
刘寅龙　乔明邦 ◎译

中国科学技术出版社
·北京·

The Little Book of Common Sense Investing: The Only Way to Guarantee Your Fair Share of Stock Market Returns, Updated and Revised by John C. Bogle
Copyright © 2017 by John C. Bogle
This translation published under license with the original publisher John Wiley & Sons, Inc.
Simplified Chinese edition Copyright © 2025 by Grand China Publishing House
All Rights Reserved.
No part of this book may be reproduced in any form without the written permission of the original copyright holder.
Copies of this book sold without a Wiley sticker on the cover are unauthorized and illegal.

本书中文简体字版通过 Grand China Publishing House（中资出版社）授权中国科学技术出版社在中国大陆地区出版并独家发行。未经出版者书面许可，不得以任何方式抄袭、节录或翻印本书的任何部分。

北京市版权局著作权合同登记　图字：01-2024-3479

图书在版编目（CIP）数据

博格论指数基金 /（美）约翰·博格
(John C. Bogle) 著 ; 刘寅龙, 乔明邦译 . -- 北京 :
中国科学技术出版社 , 2025. 1. -- ISBN 978-7-5236
-1029-9
Ⅰ . F830.59
中国国家版本馆 CIP 数据核字第 2024RQ0917 号

执行策划	黄　河　桂　林
责任编辑	申永刚
策划编辑	申永刚
特约编辑	蔡　波
版式设计	王永锋
封面设计	东合社
责任印制	李晓霖

出　　版	中国科学技术出版社
发　　行	中国科学技术出版社有限公司
地　　址	北京市海淀区中关村南大街 16 号
邮　　编	100081
发行电话	010-62173865
传　　真	010-62173081
网　　址	http://www.cspbooks.com.cn

开　　本	787mm×1092mm　1/32
字　　数	228 千字
印　　张	9
版　　次	2025 年 1 月第 1 版
印　　次	2025 年 1 月第 1 次印刷
印　　刷	深圳市精彩印联合印务有限公司
书　　号	ISBN 978-7-5236-1029-9/F·1309
定　　价	79.80 元

（凡购买本社图书，如有缺页、倒页、脱页者，本社销售中心负责调换）

约翰·博格
(John C. Bogle)

指数基金之父

→ → →

永远在市场之内。
如果你因为恐惧退场,还想抄底回来,
其实你已经被自己的情绪打败。
做一个长线投资者,不要进进出出。

博格论指数基金　THE LITTLE BOOK OF COMMON SENSE INVESTING

献给已故的麻省理工学院经济学教授
诺贝尔经济学奖得主和投资大师
保罗·萨缪尔森
（Paul Samuelson）

1948年，当我就读于普林斯顿大学时，他的经典著作引领我认识了经济学。

1974年，他的论著再次点燃了我对指数化投资策略的兴趣。

1976年，他在《新闻周刊》（*Newsweek*）发表的专栏文章，促使我创建了世界上第一只指数型共同基金。

1993年，他为我的第一本书《博格谈共同基金》（*Bogle On Mutual Funds*）作序。

1999年，他再次为我的第二本书《共同基金常识》（*Common Sense on Mutual Funds*）作序。

2009年，他离开了这个世界，但他依然是我的导师，我的灵感之源，我终生的启明灯。

本书赞誉

沃伦·巴菲特（Warren Buffett）
伯克希尔·哈撒韦公司（Berkshire Hathaway Corporation）董事长

对大多数投资者来说（无论是机构投资者还是个人投资者），与其听信投资经理的劝诱，还不如阅读约翰·博格的这部作品。

查理·芒格（Charlie Munger）
伯克希尔·哈撒韦公司副董事长

约翰·博格对华尔街的价值是不可估量的，而这本书更是对业内人士最有价值的贡献。对于投资者而言，盲目听从那些胡言乱语是最危险的事情，因此，像博格这种毕生与谬论作战的勇士，绝对是我们这个行业的"英雄"。

大卫·史文森（David Swensen）
《机构投资的创新之路》（*Pioneering Portfolio Management*）作者

在卓越的职业生涯中，约翰·博格实现了从反叛者到"摇滚巨星"的转变。他提出的概念和对指数基金的拓展改变了整个投资世界，数以百万计的投资者因博格而购买了指数基金。但是，仅仅成为一名指数投资者还远远不够，成功的投资者需要了解支撑指数基金投资的原则，并熟悉阻碍投资计划有效执行的陷阱。本书提供了可以帮你构建长赢投资组合的工具。

威廉·伯恩斯坦（William Bernstein）
《群体的疯狂》（*The Delusions of Crowds*）作者

古登堡（Gutenberg）为印刷业做出巨大贡献，亨利·福特（Henry Ford）为汽车业做出巨大贡献，莎士比亚为英语做出巨大贡献，而约翰·博格则为金融业做出巨大贡献。这本书总结了博格在投资领域近70年的经验。无论是投资金额较小的退休账户持有人，还是规模庞大的养老金和慈善基金持有者，都能从本书中受益。

史蒂夫·加尔布雷思（Steve Galbraith）
金德里德资本管理合伙人

关于这个时代，100年以后的历史学家可能只会记住两位投资大师——沃伦·巴菲特和约翰·博格。他们将会记住哪些著作呢？本杰明·格雷厄姆（Benjamin Graham）的《聪明的投资者》（*The Intelligent Investor*）和约翰·博格写的所有内容。在投资领域，约翰·博格像一只坚硬的刺猬。本书深刻阐释了博格的一个伟大理念——投资者如何才能获取应得的市场收益？

泰德·阿伦森（Ted Aronson）
AJO 公司创始人，特许金融分析师

这本书包含丰富的信息、敏锐的洞察力和卓越的见解，其观点久经考验。正如约翰·博格所说，昂贵的建议、昂贵的投资和昂贵的广告（催促你买进排名靠前的两只）铺设了通向投资失败的道路，而他提供了一条通向投资成功的独特道路。

《华尔街日报》（*The Wall Street Journal*）

这本《博格论指数基金》很快就会像伯顿·马尔基尔（Burton Malkiel）的《漫步华尔街》（*A Random Walk Down Wall Street*）和查尔斯·D. 埃利斯（Charles D. Ellis）的《赢得输家的游戏》（*Winning the Loser's Game*）一样，成为最受指数基金投资人欢迎的读物。它以一种简单易懂的方式向大家提供了极好的建议。

《金融时报》（*Financial Times*）

《博格论指数基金》提供了一次这样的机会：让你能够重新思考你已学到的知识并教会你操作基金的非凡技巧。所有对我们这本杂志观点持怀疑态度的人，都应当读一读本书。

彭博新闻社（Bloomberg News）

约翰·博格这本关于指数基金的新书中包含着无比强大的逻辑性，让人无从反驳，并向读者提供大量可模仿并能成功实践的建议。

CNN 财经（CNN Money）

约翰·博格在《博格论指数基金》里介绍了一个他烂熟于心的道理，即比起交易相等数额的股票这种徒劳无功的尝试，以低成本购买并持有标准指数基金可以带来更丰厚的利润。这也算常识？没错，这就是常识，但这个常识很激进，尤其当所有投资机构都试图让投资者反其道而行之的情况下。

《迈阿密先驱报》（Miami Herald）

即使是在投资专家和精英群体里，约翰·博格也是出类拔萃的。作为备受业内推崇的先锋基金创始人，他的公司承诺"为股东创造价值、为投资者创造利润"，这一承诺使得他备受尊敬。他甚至有被称为"博格社团"的个人粉丝团，粉丝们狂热地模仿着这位杰出人士的言行举止。

博格的《博格论指数基金》是一本无门槛的书，语言通俗易懂，其提供的建议容易操作，适合各层次的投资者。他揭开了共同基金的真面目，并声称只要有点常识，就知道低成本的指数基金对大部分谨慎的股票投资者而言是更好的选择。他还提醒投资者别让过高的手续费和税费吞噬利润。这些建议并未显得天花乱坠、激动人心，只是反映了他一贯的核心投资态度：缓慢而平稳地赢得比赛。

《每日电讯报》（Daily Telegraph）

《博格论指数基金》是约翰·博格为指数化投资策略所写的一首赞美诗，读起来引人入胜。

英国莫特利·富尔投资机构网站（Motley Fool's UK Website）

约翰·博格的《博格论指数基金》真诚地向投资者贡献了理想的投资策略，让他们能够在股市中获得最大利润。

基金策略新闻网（Fund Strategy）

《博格论指数基金》这本书十分精彩，书中某些部分甚至让我怀疑起早年做财经记者时学到的一些关于股票投资的知识。

《养老金时代》（Pensions Age）

《博格论指数基金》是一部充满智慧的作品。如果你想知道如何避开股市不可预测的风险，又想知道如何避开中介信口开河的收费，那么此书十分值得一看。

《投资者笔记》（Investor's Notebook）

财经书籍经常是写来炫耀的，他们逼着你接受业内所有乱七八糟的理论，所以约翰·博格所著的这本《博格论指数基金》一面世就让人很是惊喜。本书的作者，博格可是个地道的奇才。他所创立的先锋基金是一个庞大的基金管理机构，在美国，博格的大名跟指数基金之间是画等号的。目前为止，先锋500指数基金是全世界最大的共同基金。

《管理者》（*Directorship*）

对个人投资者来说，这本《博格论指数基金》提供了一个稳妥的方案，它能令你的资金在一段比较长的时间内实现增长。

刘思屹
华林证券股份有限公司机构业务部副总经理

博格的作品是经典中的经典。他在实践中成功地把指数基金做到了极致。而他在本书中用通俗易懂的语言告诉我们，实现这一切的基础，不过是简单的常识。

黄　河
中资国际投资有限公司董事长、中资出版社联合社长

博格不会告诉人们如何成为世界首富，但他对投资常识的推崇与尊敬，让上百万的普通投资者在20年后远远超过他们那些不懂投资常识的同学或同事。

全新增订
10周年纪念版前言

基金投资的圣经
点燃指数投资革命

成功投资的全部真谛不过是践行常识而已。正如"奥马哈的先知"沃伦·巴菲特所言:尽管这些常识看起来很简单,但要化为现实却并不那么容易。我们通过简单的数学计算就可以知道,**成功的股市投资策略就是以极低的成本拥有所有上市公司的股票**。事实上,这已经为历史所证明。如果能做到这些,你就可以坐享市场通过股利和收益增长所带来的全部回报。

投资个股或共同基金,很可能跑不赢大盘指数

实施这一策略的最佳途径却非常简单:购买并长期持有一只涵盖全市场组合的基金。这样的基金被人们称为指数基金(index fund)。

指数基金就是一个包含很多鸡蛋（股票）的篮子（投资组合），这样，我们就可以模拟任何一个金融市场或是市场板块①。从定义上讲，传统指数基金（traditional index fund，TIF）应该是一个涵盖整个股票市场的篮子，而不只包括其中某一部分"鸡蛋"。因此，这种基金可以消除个别股票、市场板块以及基金经理的决策带来的风险，只留下整个股票市场的固有风险（可是，这种风险也够大了）。令人欣慰的是，指数基金长期的回报总能弥补短期的阵痛。在诞生之初，指数基金就是专为投资者持有一辈子而设计。

事实上，这不仅是一本探讨指数基金的书，它注定可以转变我们对投资的看法和观念。**本书所探讨的主题，是分析长期投资的收益为什么能超过短期投机；认识分散投资的好处；研究投资成本的巨大影响；思考为何不应该过分相信一只基金过往的业绩，而忽视投资的均值回归属性（RTM）带来的风险；以及了解金融市场的运作原理。**

因为一旦你领悟到金融市场的真实运作方式，就会发现，要收获属于你的那份收成，指数基金是唯一有效的投资方式。不过在神奇的复利面前，这些与日俱增的收益永远不会让你感到惊讶。

我在这里讨论的重点，是传统指数基金。它在投资范围上具有最广泛的多样性。2017年年初，在高达26万亿美元市值的美国股市里，指数基金几乎持有全部（或是绝大多数）股票，且营运费用低廉，没有顾问费、换手率极低，节税效益极高。传统指数基金——

---

① 不容忽视的是，构建指数基金的基础也可以是债券和债券市场，或是那些"少有人光顾"的资产类型，比如说商品或不动产。今天，我们甚至可以把全部财产都转换为指数基金的形式，当然，前提是你有这个想法。这些指数基金涵盖了美国乃至全世界经济中各种各样的资产类别。

跟踪标准普尔500指数——只持有美国主要企业的股票,并按各股票市值与总市值的比例买进每一只股票,然后永久性持有。

千万不要低估复利对投资回报的影响。假设某只股票的年回报率是7%。以此回报率计算复利,10年后,1美元初始投资将会增长到2美元;20年后,该投资将会变成4美元;30年后,该投资将会变成7.5美元;40年后,该投资将会增长到15美元;50年后该投资将会变成30美元。

复利总是让人感到神奇。简单来说,美国企业稳定的增长、高效的生产率、敏锐的智慧再加上源源不断的创新,让资本主义的财富创造成为所有者的一场正和博弈。在这种情况下,股票投资自然变成了一场赢家的游戏。

企业的经营收益归根结底要转化为股市的回报。我不可能知道你过去获得了多少回报,但学术界的研究已经告诉我们,如果你是一个典型的个股投资者,你每年取得的收益很可能比股市平均收益率低2%左右。

基于这个水平,按照标准普尔500指数以往25年9.1%的年均收益率计算,你的年收益率很可能在7%以内。最终的结果是:投资者在这个市场得到的收益仅仅是他们原本应得收益的75%。此外,我们还将在第7章中谈到,如果你是一个典型的共同基金①投资者,你获得的收益会更少。

---

① 由专业人员进行管理的集合投资工具,汇集众多投资者资金,用于投资股票、债券、短期货币市场工具及其他证券,所获净收益或损失通常每年在投资者中进行分配。——编者注

金融中介收益最小化，投资者收益才能最大化

如果你还不相信这就是绝大多数投资者的境遇，那么，你不妨静下心，用冷酷但公正的数学规则来认识这个问题（详见第4章）。只有这些铁打不动的规则，才是这场游戏的主宰。作为一个群体，全部投资者的回报就是股票市场的整体收益。

作为一个群体，我希望你能接受这样一个近乎残忍的现实——我们只能拿到平均数。如果我们中的某些人获取了高于平均水准的报酬，就代表另一些人赚取的报酬必定低于市场平均收益。因此，在扣除投资成本之前，想要击败股票市场，绝对是一场零和博弈。

每位投资者都会想尽办法击败其他的玩家，这意味着赢家的收益必然等于输家的损失。伴随着所有狂热的投资行为，在这场追求超额收益的昂贵竞争中，唯一确定的赢家是主导金融系统的人。**正如沃伦·巴菲特所言："当华尔街从业者管理数万亿美元的资金，并收取高昂费用时，真正获利的不是客户，而是那些经理人。"**

在赌博中，赢家永远是赌场；在赛马场上，庄家永远不会输；在彩票市场中，政府必定是赢家。投资领域也不例外。在投资中，金融主导者就是赢家，投资者整体却是输家。在扣除投资成本之后，想要击败市场，只是一场输家的游戏。

那么，成功的投资就是让华尔街人士从企业盈利中赚取的收益最小化，让投资者（亲爱的读者，说的就是你们）获得的收益最大化。

你把自己的交易频率降得越低，你获取自己应有收益的机会越大。一项学术研究表明，在1990—1996年股市最火爆的这段时间里，

交易最活跃的20%的投资者的月均换手率超过21%。他们在牛市里获得的年收益率为17.9%，交易成本却高达6.5%，最终的年收益率只有11.4%，仅相当于市场收益率的2/3。

同样，共同基金投资者也喜欢高估自己的能力。他们依据基金经理的近期优异表现或是长期优秀业绩来挑选基金，甚至雇用投资顾问帮助自己达到目的（见第1章沃伦·巴菲特谈到的帮手）。我在第12章会解释，投资顾问的成功率甚至更低。

有太多基金投资者甘愿支付高额的手续费、高昂的基金费和管理费，以及基金投资组合频繁换手带来的交易成本，这些成本的代价显然非常高昂。这类投资者坚信能够找到超一流的基金经理，令人遗憾的是，他们错了。

相反，如果投资者买进股票后便把它们扔在一边，而且绝不承担任何不必要的成本，那么他成功的概率将会大幅提高。原因何在呢？因为他们拥有的是企业股份，而企业作为一个整体，凭借其资本创造收益，并向其所有者支付股利，剩余部分则进行再投资，以便实现未来的增长。

诚然，很多企业倒闭了。它们经营不善，营运策略僵化，管理松散，最终让它们成为"创造性破坏"（creative destruction）[①]的牺牲者，让它们只能屈服于竞争对手。但总体来看，在起伏中前进的经济必将促使企业不断成长。例如，1929年以来，美国国内生产

---

① creative destruction 一词源于美籍奥地利经济学家约瑟夫·熊彼特所写的《资本主义、社会主义与民主》（*Capitalism, Socialism and Democracy*）一书，指以高效的技术或劳动者替代低效的技术和劳动者。

总值（GDP）的名义年均增长率高达 6.2%，美国企业部门税前收益年增长率是 6.3%。这两个增长率的相关系数高达 0.98（1 是完全相关）。我相信这样的长期相关，未来会持续存在。

指数基金始终坚持投资者利益至上

本书想要告诉各位，你为什么应该停止给金融市场里的庄家做贡献。因为在过去 10 年里，他们每年会从你以及和你一样的投资者手里赚到 5 650 亿美元。同时，我也想告诉你，摆脱这些操纵市场的幕后黑手并不难。此外，购买标准普尔 500 指数基金或者一只整体股票市场指数基金。一旦把股票拿在手上，就远离这个巨大的赌场，远远站在一边。只要永久持有这个市场组合就可以了。传统指数基金就这么干。

这种投资理念的优势不仅在于它简洁明了，它所依据的数学基础也无可争议。然而，要真正遵循，又是另一回事。长期以来，我们投资者早已习惯混乱不堪的金融市场，习惯沉浸在股票买卖中兴奋不已（而不管代价如何），习惯不承认市场上有更好的投资机会，但我希望你能认真思考一下本书阐述的诸多观点。**有了这本书，你也许会加入指数投资的行列，以一种更经济、更有效，甚至更坦诚的新方式，同时也是一种坚持投资者利益至上的方式去投资。**

如果单凭一本书，就期待能开启一场投资革命，显然有点牵强。在一个时代的传统主导意识面前，任何一种新思维都将招致怀疑、嘲讽，甚至畏惧。事实上，早在 240 年之前，托马斯·潘恩（Thomas

Paine）就曾面对同样的挑战。可以说，他在1776年创作的《常识》（*Common Sense*）一书燃起了独立战争的星星之火。潘恩在书中写道：

> 对于下文所阐述的观点而言，其影响力显然还不足以使之成为民众的宠儿。长期以来排斥异己的趋同意识，让我们已经习惯于不加批评地接受传统，于是，周遭的一切都披上了真理的外衣，任何背离传统习俗的观点都会受到当头一棒。但喧嚣和吵闹瞬间消逝，时间终将改变世俗的信仰……我所讲述的无非是单纯的事实、朴实的论述和常识。

当然，我们现在都知道，潘恩这些伟大的论述最终大获全胜。独立战争造就了《美利坚合众国宪法》（*United States Constitution*），时至今日它仍然规范着美国政府和公民的职责，成为社会的根基。

相信在不久的将来，我所提供的"单纯的事实、朴实的论述和常识"将获得投资者的肯定。"指数革命"将帮助我们构建一个新的、更高效的投资体系，且这个体系优先服务于投资者。

某些人也许会这样想，作为先锋集团（1974年）和世界上第一只指数型共同基金（1975年）的创始人，我有足够的动机说服各位认同我的观点。我当然同意！不过事实上，这并不能使我变得更富有，也不会让我多赚到一分钱。反之，我之所以希望能说服各位，是因为我多年前帮助先锋集团奠定的两块基石——真正互惠的股东结构和指数基金策略，长期下来将帮各位变得更为富有。

在指数基金刚刚诞生的那段日子里，我觉得自己的声音是那么微弱。不过，当时我依然有少数富有远见和思想的支持者，因为他们的支持我才坚持至今。今天，很多睿智成功的投资者让指数基金的概念更加丰满并趋于完善。而在学术界，指数基金已经成为公认的投资准则。不过，你也不要凭空相信我的话。不妨听听这些独立专家的意见，他们对于投资真理并无不良企图。每章的结尾，各位都可以参考他们的说法。

举例来说，**麻省理工学院经济学教授、诺贝尔经济学奖获得者保罗·萨缪尔森就说过："博格所主张的理性概念，可以让无数人受益，20年后，我们就会成为周边邻居羡慕的对象。与此同时，我们仍然能够在多事之秋安然入睡。"**

唉，金融体系当然不会一成不变，但是，不管变化有多么冷酷无情，都无法阻止你照看好自己的财富。你根本不必让自己置身于这场昂贵且愚蠢的游戏之中。如果你选择参与持有公司股票的赢家游戏，而不是参加企图打败市场的输家游戏，那么，首先一定要动用自己的常识去理解这个系统，按照尽可能消除一切不必要费用的原则进行投资。

然后，不管我们的企业在未来创造怎样的回报，都会毫无保留地体现在股票市场和债券市场上。于是，你就可以坐享应属于你的那份蛋糕。需要提示的是，你有时可能会得到负收益。当你认识到这些不以人的意志为转移的现实时，你就会发现，所有这一切不过是常识而已。

《博格论指数基金》第一版在2007年问市，但愿所有投资者都能明白，本书旨在协助大家在金融市场上获取属于自己的一份合理报酬（无论正负）。本书的首版是我1994年出版的第一本书《博格谈共同基金》的后续。这两本书都在倡导指数型投资，日后也都成为共同基金领域的畅销书，合计销售超百万册。

自从我的第一本书出版以来，在近1/4个世纪里，指数基金已充分证明了自己。截至2017年中期，股票指数基金所拥有的资产价值增长了168倍，从280亿美元增长到4.7万亿美元。仅在过去10年里，美国投资者股票指数基金的资产价值就增长了2.1万亿美元，他们从所持有的主动管理型股票基金中撤出了9 000亿美元。投资者高达3万亿美元的资金转移，足以称为一场投资革命。

回顾过去，可以清楚看到，先锋基金在1975年创建的第一只指数共同基金，就像星星之火，点燃了指数投资革命。我们有理由相信，这本读者人数超过150万的著作，对这场投资革命的后续发展起到了重要作用。

大体而言，带有"创造性破坏"特征的指数基金给投资者提供了良好收益。当你阅读这本10周年全新增订版时，你会发现，它仍然遵循以往版本的基本原理，同时增加了股利、资产配置和退休计划等新章节，并继续强调这些原理的应用。

但愿能够帮助各位——学习！享受！行动！

约翰·博格

美国宾夕法尼亚州福吉谷

2017年9月1日

指数基金能做到低费用，收益更大化

伯克希尔·哈撒韦公司副董事长、沃伦·巴菲特的合伙人——查理·芒格曾说过："现在的资产管理体系，总要求人们去做那些他们没有能力做到、去喜欢他们不曾喜欢的事情。这是个挺滑稽的行业，因为从净值的角度看，整个投资管理行业并不能替卖方增加额外的价值。这就是它们的生存之道，它们必须这样做。共同基金按交易额收取2%的年费，然后经纪人帮客户转换基金，又要收取3%～4%的费用。可怜的投资者，最终只能赚到少得可怜的钱。我认为，这就是欺骗。我们的系统如果能够让购买产品的人赚钱，那就会好很多。"

著名投资顾问兼作家威廉·伯恩斯坦指出："承担市场风险就已经够糟糕了。只有傻瓜才会不好好照看自己篮子里的鸡蛋，让自己的投资组合缺少应有的多样化，以至于承担额外的风险。要避免这个问题，最好的办法就是买一只经营良好的指数基金，让自己拥有整个市场。"

伦敦的《经济学人》（ *The Economist* ）是这样说的："事实上，对于绝大多数基金经理来说，他们为顾客创造的价值太少了。即便偶尔有超越市场的表现，随之而来的也往往是漫长的黑夜。就长期而言，几乎任何基金经理都无法超越市场平均收益率。他们一味鼓励投资者把钱投入眼下最时髦、往往又是已经被市场高估的资产上，而不是奉劝他们理智地分散风险，或是为将来的负债寻找最理想的搭配。当他们可以在赔钱的情况下向客户收取高昂的手续费时，这个血淋淋的教训……便映衬了指数投资的优点……你永远也找不到一个能经常打败市场的基金经理。因此，最好还是投资于那些承诺会提供市场报酬，而且收费非常低廉的指数基金。"

真是太不可思议了！如此多学术大师和以打败市场而闻名的伟大投资者，竟然异口同声地肯定和赞赏指数投资。但愿他们分享的这些常识，能够让你成为更加聪明的投资者。

注：如果你有兴趣了解"杰出投资者的顶层认知"所引用资料的出处，以及正文中引用的其他资料，可登录本人的网站：www.johncbogle.com。我当然不敢奢望在这本书里能容纳如此之多价值连城的至理名言，因此，还是请你切莫犹豫，赶紧登录我的网站。你会惊奇地发现，很多名声显赫的学术名家，无数以把玩市场闻名的世界顶级投资家，都对指数投资的优势赞赏不已、拍手叫绝。也许他们对常识的领悟比我更深刻、更全面，因而也会让你变成更睿智的投资者。

博 格 论 指 数 基 金

THE LITTLE BOOK OF COMMON SENSE INVESTING

目 录

第 1 章　听巴菲特讲故事　1
谁偷走了本属于你的奶酪？

指数基金核心优势：将成本降到最低　5
持有企业，然后什么也不做　6
Ⓐ 杰出投资者的顶层认知
过度包装、收费昂贵的基金会削减价值　8

第 2 章　股市收益　11
企业内在价值变化 + 市盈率变动

股市收益与企业收益趋向必然一致　13
股市短期无序波动，长期则均值回归　16
以 10 年为期，投资收益稳定且为正值　17
以 10 年为期，投机收益波动巨大　19
企业内在价值主宰股价长期走势　20
忽略噪声，做一个长期主义者　21

> **Ⓐ 杰出投资者的顶层认知**
>
> 真正的投资者更关注企业经营   23

第 3 章   指数基金   25
一次买到所有上市公司股票

什么指数是衡量股票总体价值的最佳指标？   27
指数基金优势表现在每年、每月、每周   31
标普 500 指数优于 97% 同类主动型基金   32
不辞劳苦挑选股票，收益却未知   34

> **Ⓐ 杰出投资者的顶层认知**
>
> 30 年诋毁和攻击，掩盖不了指数基金的光芒   35

第 4 章   成 本   37
长期收益的"胜负手"

扣除成本，投资收益必然低于市场收益   39
金融中介管理他人资产却实现自己财富梦   41
50 年投资期，61% 收益被成本吞噬   43
永远记住：复利收益敌不过复利成本   45

> **Ⓐ 杰出投资者的顶层认知**
>
> 专业人士的介入，反而降低投资收益   48

第 5 章   单一指标挑选基金   51
持有费率最低

相比基金历史业绩，更应重视持有成本   53
换手率越靠后，基金业绩越靠前   55

10年为期，费率最低赚8倍，费率最高赚6倍	55
寻找表现好的主动型基金，无异大海捞针	58

❹ 杰出投资者的顶层认知

低成本、低换手率，成就大赢家	60

第 6 章　股　利　　　　　　　　　63
年均股利占股市年收益的 42%

90年为期，股利复投收益超不复投34倍	65
主动型成长基金费用吞噬100%股利收益	67
低成本价值型基金费用只侵蚀2%股利收益	67

❹ 杰出投资者的顶层认知

关注股利分配，忽略股价波动	69

第 7 章　双重惩罚　　　　　　　71
投资时机不佳和基金选择不当

基金表现好吸引资金流入，反之则流出	73
1991—2016年，股票基金落后指数基金50%	74
为何低位割肉，高位加仓的情景反复出现？	76
基金公司挖空心思，推出迎合潮流的新基金	79

❹ 杰出投资者的顶层认知

费用和情绪是投资者最大的敌人	80

第 8 章　税　金　　　　　　　　　81
经常被投资者忽略的重要成本

短线投机会大大增加税费	83

指数基金具有高度的节税效应	84
通货膨胀是击垮主动基金的最后一根稻草	85
ⓐ 杰出投资者的顶层认知	
指数基金可以避免缴纳资本利得税	87

第 9 章　经济增长瓶颈　　　　89
树不可能长到天上

市盈率若处于历史高位，超额收益存疑	91
GDP 增长率放缓，股市收益率也会走低	94
未来债券收益同样可能低于平均	95
低收益率环境，平衡型基金年收益可能是 0.1%	97
高成本主动型基金将是糟糕之选	99
ⓐ 杰出投资者的顶层认知	
主动型基金费用应该和被动型一致	101

第 10 章　选出长期赢家　　　　103
如同草堆寻针

46 年里，80% 的基金不复存在	105
只有两只基金收益超标普 500 指数 2%	106
彼得·林奇成名基金现在也持续落后大盘	107
资产规模越大，主动型基金表现越差	110
与其草堆里寻针，不如买下整个草堆	111
ⓐ 杰出投资者的顶层认知	
巴菲特认同指数基金并写进遗嘱	114

第 11 章　均值回归　　　　　　　　　117
收益总会向平均值靠拢

业绩出众的基金缺乏持续性　　　　　　　120
历史数据表明：大多基金收益是随机的　　121
明星基金很少是恒星，多数不过是彗星　　123
根据历史业绩挑选基金，结果往往跑输市场　124

Ⓐ 杰出投资者的顶层认知
过去业绩不能代表未来　　　　　　　　　125

第 12 章　投资顾问　　　　　　　　　129
不能为你选出稳赚的基金

美国 70% 的投资家庭依赖专业人士　　　132
哈佛商学院研究：投资顾问加剧亏损　　　132
靠顾问赚 2.9%，自主投资赚 6.6%　　　　134
世界最大股票经纪公司让投资者亏损超 80%　135
智能顾问增长迅猛，或许成为顾问领域重要参与者　136

Ⓐ 杰出投资者的顶层认知
选择指数产品作为一种信仰　　　　　　　139

第 13 章　利润之源　　　　　　　　　141
尽可能低的总成本

50 年后，仅 2% 主动型基金胜过指数基金　144
跟踪同一指数，不同公司收费却不同　　　146

要确保收益归你，而不是归基金公司	148
追逐热门基金，往往是失败的开始	149
ⓐ 杰出投资者的顶层认知	
赶走投资顾问，降低投资换手率	151

第 14 章　债券市场　　153
指数化产品同样优势突出

当市场暴跌时，债券可以提供保护	155
垃圾债券比例越高，风险越大	157
主动型债券业绩大多落后其基准指数	158
债券指数基金与股票指数基金具有相似价值	159
ⓐ 杰出投资者的顶层认知	
也应重视债券指数基金的成本优势	161

第 15 章　ETF　　163
脱离了指数基金创立的初衷

ETF 会让投资者陷入频繁买卖的陷阱	165
ETF 增长迅猛，其风险直追个股波动	167
实时交易 ETF，只会徒增摩擦成本	170
即使业绩优秀的 ETF，仅有 1 只股东收益占优	171
如果不能长期持有 ETF，注定成为输家	172
ⓐ 杰出投资者的顶层认知	
增强型指数，只会增加发行公司收益	174

第 16 章　承诺高收益　　177
理性和历史的双重违背

基金公司为了赚钱，巧立新指数基金　　179
嘴上说着为投资者好，却掏走投资者收益　　181
加权因子指数基金，看似很美却是水中月　　182
过分追求高收益必然招致失败　　184

Ⓐ 杰出投资者的顶层认知

新因子指数基金如同匆匆过客，转瞬即逝　　187

第 17 章　证券分析之父教诲　　189
选择防御型投资

指数基金理念起源于格雷厄姆　　191
真正的财富不是靠交易，而是源于价值的增长　　193
坚守多元化投资策略，获取属于自己的蛋糕　　195
超额收益必承担额外风险，且增加交易成本　　196

Ⓐ 杰出投资者的顶层认知

格雷厄姆、巴菲特都推崇指数基金理念　　199

第 18 章　资产配置 1　　201
构建组合的普遍原则

关注股债配置比例，少考虑具体基金　　203
配股比例应与自己的风险容忍度一致　　204
聪明投资者的四项抉择　　208
成本，还是成本！再怎么重视都不过分　　209
资产配置没有唯一答案，自己舒适就好　　210

第 19 章　资产配置 2　　213
制定退休规划

较长投资周期，配置 100% 指数基金　　215
根据自己年龄，弹性构建投资组合　　217
筹划退休收入的所有可行途径　　218
配置海外资产要慎之又慎　　220
首选低成本、基于指数的目标日期基金　　221
社会保险在组合里扮演着重要角色　　224
资产配置和支取要随环境而保持灵活性　　225

A 杰出投资者的顶层认知

博格理念完胜，越简单越实用　　228

第 20 章　坚守指数基金　　231
永不过时的投资常识

巴菲特：指数基金能击败大多数专业人士　　233
相信常识，拿走本属于自己那份收益　　234
博格与富兰克林跨时空对话　　235
不要行动——待着就好　　238

A 杰出投资者的顶层认知

投资指数基金，一定要坚持到底　　239

致　　谢　　241
博格的传奇人生　　一个人塑造一个行业　　243
附　　录　　博格 50 年投资心得　　253

THE LITTLE BOOK
OF COMMON SENSE
INVESTING

第 1 章

听巴菲特讲故事

谁偷走了本属于你的奶酪？

金融从业者想要赚钱，就必须说服客户做点什么，而客户想要赚钱，则应该什么也不做，等着就足够，为什么会有这样的反差？指数基金如何调和这种利益冲突？

博格论指数基金 THE LITTLE BOOK OF COMMON SENSE INVESTING

> **《漫步华尔街》作者**
> 伯顿·马尔基尔

经验已经无可辩驳地说明,指数基金购买者所获得的收益,应该会高于一般基金经理管理的基金,因为后者不仅收取昂贵的顾问费用,频繁的组合换手也会减少投资收益。指数基金是一种只需承担低廉费用就可获得合理收益的方法。

从根本上看，指数基金不过是买入美国股市上的几乎所有股票并长期持有的共同基金，因此，要认识指数基金，我们首先要了解股票市场的运行机理。伯克希尔·哈撒韦公司董事长沃伦·巴菲特曾在 2005 年的公司年报上讲过一个虚构的故事，我斗胆对这个故事进行了一番改造。这个耳熟能详的故事，可以让我们清晰认识这个庞大而复杂的金融市场固有的非理性和反效率性。

聘请帮手，却徒增成本

很久以前，曾经有一个非常富庶的戈特罗克家族。经过世世代代的生息繁衍，这个包括几千个成员的大家族成了所有美国股票的 100% 所有者。投资让他们的财产与日俱增：几千家公司创造的收益，再加上它们所分配的股利，成为这个家族取之不尽的财源（如果戈特罗克家族成员每年再购买一点新发行的有价证券,也许会让这个问题稍加复杂化)。所有家族成员的财富都在以相同的速度增长着,大家相安无事,和睦相处。这场永远不会有输家的游戏让戈特罗克家族的投资如滚雪球一般,几十年便会翻上一番。戈特罗克家族在玩一场赢家的游戏。

但好景不长,某些擅长花言巧语的帮手出现了,他们劝说一些"头脑灵活"的戈特罗克家族成员,使他们相信只要动动脑筋,自己就能比其他亲戚多挣一点。帮手说服这些家族成员把手里的一部分股票卖给其他亲戚,然后再向他们买进另一些股票。作为中间人,这些帮手全权负责股票交易,他们的回报就是从中收取佣金。于是,所有股票在家族成员之间的分配格局发生了变化。

但让他们感到意外的是,家族财富的总体增长速度却降低了。原因何在呢?因为这些帮手拿走了其中的部分收益。最开始的时候,美国产业界烘制的这块大蛋糕全部属于戈特罗克家族,但是现在帮手们却要拿走其中的一部分。

更糟糕的是,这个家族以前只要为他们收获的股利纳税,但现在,部分家庭成员还要为股票交易实现的资本利得纳税,这就进一步削减了整个家族的财富。

几个自感聪明的家族成员很快就意识到,他们的计划实际上反而让家族财富减少了。他们认为,这些帮手挑选的股票并不成功,有必要聘请更专业的人,帮他们挑选更好的股票。因此,他们开始雇用选股专家,也就是更多的帮手。这些人通过提供中间服务而收取费用。一年之后，当整个家族再度评估其资产的时候发现，他们享有的份额进一步减少了。

噩梦还远远没有结束。新上任的管理者必须设法保障自己的收入，于是更加积极地交易家族持有的股票。这不仅增加了经纪业务的佣金，也让家族需要支付的税款直线上升。现在，家族最初所享有的100%股利和收益又再度缩水。

"起初我们没有为自己选好股票，于是聘请专家帮我们选股，结果我们又找错了选股专家。"这些聪明的家族成员又开始想，"到底该怎么办呢？"前两次的挫折并没有让他们就此罢休，他们认为应该继续寻找帮手。于是他们找来了最好的投资顾问和财务规划师，请他们协助寻找足以胜任的选股专家。当然，投资顾问们肯定会信誓旦旦地向这些家族成员保证："只要付给我们一些费用，一切问题都会迎刃而解。"结果，额外产生的成本，又让戈特罗克家族的蛋糕少了一大块。

指数基金核心优势：将成本降到最低

最后，戈特罗克家族终于察觉到情况不对，于是大家坐在一起，严厉批评了那些试图耍小聪明的家庭成员。他们疑惑不解地问："以前，我们是这块大蛋糕的唯一主人，我们享有100%的股利和收益，但现在怎么会萎缩到只有60%了呢？"家族中最聪明的成员——一位贤明的老叔叔温和地对大家说："你们付给那些帮手的钱，还有你们本不必支付的那些税款，本来都是属于我们自己的股利和收益。回去解决这个问题，越快越好，赶走所有经纪人，赶走所有基金经理，再赶走所有顾问，这样，我们的家族将重新拥有美国企业帮我们烘制的大蛋糕。"

于是，大家听从了老叔叔的建议，重拾最初消极但有效的策略，继续持有美国企业的所有股票。

这也正是指数基金的操作策略。

持有企业，然后什么也不做

举世无双的投资大师沃伦·巴菲特对以上故事进行了总结：**对于全体投资者而言，收益将随着交易量的增加而减少。**

这个说法虽然精确，但我还是想补充一句：上述故事反映了金融行业从业者与股票债券投资者之间存在利益上的深刻冲突。金融行业从业者想要赚钱，就得说服其客户："不要只是坐在那儿，想办法做点儿什么。"但对于客户来说，要想让财富增长，就必须遵循相反的准则："什么也不要做，等着就足够了。"试图击败市场是不可能的，而这是唯一可以让你避免陷入其中的办法。

倘若某个行业的做法，总是不断损害整体客户的利益，那么，客户清醒过来只是时间早晚的问题。然后，这种变化就会不请自来，而这种变化必然引爆当下金融系统的革命。

因此，戈特罗克家族故事的主旨在于，成功的投资就是持有企业，并赚取企业股利带来的巨额收益和美国（从这一点来看，或许是全世界）企业的增长收益。投资活动越频繁，中介成本和税金就越高，财产所有者的整体净资产就越少。而投资者的总体成本越低，他们所能实现的收益也就越高。

因此，要在长期投资中成为胜者，明智的投资者就必须将财务中介成本降到最低，让这些成本仅仅局限于绝对必要的层次上。 这就是常识带给我们的忠告，也是指数投资的真正含义。当然，这也是本书想要传递的核心信息。

过度包装、收费昂贵的基金会削减价值

不妨听听哈佛管理公司前总裁杰克·梅尔（Jack Meyer）的说法。他是一位非常成功的投资大师。在他的领导下，哈佛慈善基金规模增长了 2.4 倍，从 80 亿美元增长到 270 亿美元。在 2004 年《商业周刊》（*Business Week*）的一篇专访中，梅尔指出："金融行业就是一个巨大的骗局。很多人自认为可以找到能战胜市场的基金经理，但这些人都错了。因为这些基金经理要收取费用，为投资者带来交易成本，因此，从总体上看，他们是在削减价值。"

当被问及哈佛慈善基金的成功对私人投资者有何启发时，梅尔先生认为："首先，投资要分散风险。投资组合要涵盖多种不同的资产类别。其次，尽可能降低中间费用。这就是说，一定要避免那些过度包装、收费高昂的基金，尽量买入低成本的指数基金。最后，进行长期性的投资。投资者只要持有指数基金，就可以降低交易费和税金。不要对此有丝毫怀疑。"

从学术角度看,《漫步华尔街》一书作者、普林斯顿大学教授伯顿·马尔基尔认为:

"指数基金的(年化)收益率,通常较主动型基金超出 2 个百分点左右。总体而言,主动型基金的收益不可能超过市场平均业绩。它们在费用和交易成本上的劣势,必然导致其平均收益水平低于指数基金。

"经验已经无可辩驳地说明,指数基金购买者所获得的收益,应该会高于一般基金经理管理的基金,因为后者不仅收取高昂的顾问费用,频繁的组合换手也会减少投资收益。指数基金是一种只需承担低廉费用就可获得合理收益的方法。"

博 格 论 指 数 基 金

THE LITTLE BOOK OF COMMON SENSE INVESTING

10th

THE LITTLE BOOK
OF COMMON SENSE
INVESTING

第 2 章

股市收益

企业内在价值变化 + 市盈率变动

为什么说转瞬即逝、起伏不定的短期预期对长期收益影响微乎其微，而真正的投资收益来自企业内在价值？如何才能忽略短期市场波动噪声，关注企业经营成果？

博格论指数基金 THE LITTLE BOOK OF
COMMON SENSE INVESTING

《大投机家的证券心理学》(*Kostolanys Börsenpsychologie*)作者
安德烈·科斯托拉尼(André Kostolany)

股市中价值和价格的关系就像是遛狗时人和狗的关系。价格有时高于价值,有时低于价值,但迟早会回归价值;就像遛狗时狗有时跑在人前,有时跑在人后,但一般不会离人太远。

沃伦·巴菲特曾说:"所有投资者从现在开始到'审判日'为止所能赚取的回报总额,只能是他们所投资的企业在此期间创造的收益总和。"巴菲特以他自己的伯克希尔·哈撒韦公司为例阐述了这一点。对于这家在他手里经营多年的上市投资公司,他指出:

> 股票的市场表现偶尔会超过或低于企业的经营业绩,于是,少数股东可以通过买卖股票获得超额回报,其交易对手则要承担相对的损失。然而,长期而言,伯克希尔·哈撒韦公司全体股东的总收益必然要等于公司的经营利润总额。

股市收益与企业收益趋向必然一致

历史一再告诉我们,我们稍加用心就发现:美国企业赚取的长期累计收益,年度股利收益率(dividend yield)与年度收益增长率

（rate of earnings growth）之和，以及美国股市的累计收益之间的相关性。如果你思考一下这些关系，也许会恍然大悟：这难道不就是最简单的常识吗？

证据？我们看一下美国股市和美国企业从1900年到21世纪初的表现（见图2.1）。股票的总体年均收益率为9.5%。单纯的投资收益率为9.0%——包括4.4%的股利收益率，以及4.6%的收益增长率。

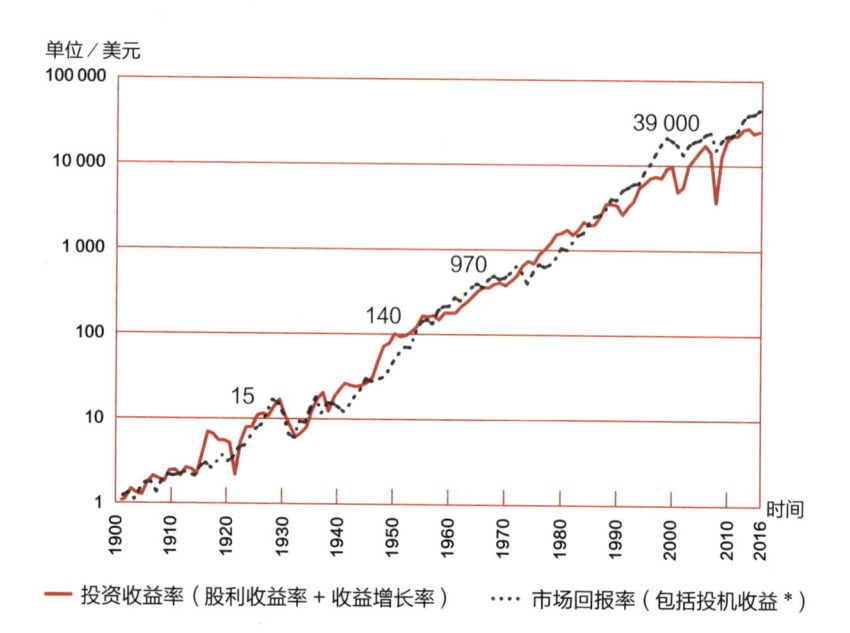

图2.1　1900—2016年投资收益率与市场回报率比较

＊注：市盈率变化的影响。

每年平均0.5%的差异，来自我所说的投机收益。投机收益可能是正数，也可能是负数，这取决于投资者在特定期限内，愿意为每

1美元收益所支付的价格，是高于还是低于期初的价格。

市盈率（股票价格与收益的比值，P/E）是指投资者愿意为1美元的收益支付的价格。投资者对市场的信心起伏不定，市盈率也会随之上下波动[①]。每当贪婪主宰市场的时候，我们就会看到市盈率居高不下；当希望成为市场的主旋律的时候，市盈率就会较为适中；当失望与恐惧弥漫市场时，市盈率则会一落千丈。于是，股价会起伏波动，周而复始，投资者的情绪波动也会反映在投机收益上，有时它们可能暂时偏离经济基本面长期向上的发展趋势。

如图2.1所示，股票投资收益（股利收益加上收益增长）与市场总体收益（包括投机收益的影响）趋向一致。

这些收益经过116年的复利，最终的结果让人叹为观止。按9.5%的年投资收益率计算，1900年投资的1美元，到了2015年就会变成43 650美元[②]。当然，我们当中很少有人能活上116年，但是，就像戈特罗克家族那样，在经历了世代传袭后，复利的魔力会让我们的后代体会到无尽的神奇。也许这就是终极赢家的游戏吧。

从图2.1中我们可以看到，企业的投资收益一直处于波动中。某些时候——比如说20世纪30年代的"大萧条"，收益波动十分剧烈。但如果拉开距离、眯着眼睛看，企业收益的基本趋势仍像是一条平稳上升的直线，虽然每隔一阵子就会出现周期性波动。

[①] 利率也会影响市盈率，只不过影响可能很不规则，因此，我在这里只是点到为止。
[②] 我们还是要公正地看待这一问题。如果我们按6.3%的真实收益率（扣除3.2%的通货膨胀因素），而不是9.5%的名义投资收益率进行复利计算，那么最初这1美元的累计收益就只有1 339美元了。无论怎样，超过1 300倍的财富增长也足以让人瞠目结舌了。

股市短期无序波动，长期则均值回归

可是肯定的是，股票市场收益有时会远远超过经济基本面（比如说 20 世纪 20 年代末、20 世纪 70 年代初以及 20 世纪 90 年代末，甚至是目前的行情）。但这只是暂时现象，经济基本面就像一块强大的磁铁，很快就会把股市这块铁吸到自己身上，尽管从偏离到回归往往需要经历一段时间（例如，20 世纪 40 年代中期、20 世纪 70 年代末以及 2003 年出现的股市低谷）。这就是所谓的均值回归，我们会在第 11 章更加深入地讨论这个主题。

一旦盲目专注于瞬息万变的短期股市时，投资者总是会对长期历史趋势视而不见。当股市收益高于长期平均值时，我们却不认为这是因为投资基本面很好，也就是说增长并非是因为收益增长率和股利收益率得到提升。

相反，股票收益率的剧烈波动，更多还是源于投资者的心理因素，并通过不断变化的市盈率反映出来。

图 2.1 表明，尽管股票价格经常与企业价值脱钩，但长期而言，决定股价的依然是企业价值。因此，虽然投资者从情感和直觉上更愿意认为，历史必然要延续到未来，但是在现实生活中，任何包含着高股票投机收益的历史收益率，对于我们认识未来都是彻头彻尾的误导。

至于为什么不能用历史收益率来预测未来，我们只需要记住伟大的英国经济学家——约翰·梅纳德·凯恩斯（John Maynard Keynes）在 81 年前写下的话：

用历史经验归纳得来的前提去推测未来,非常危险。除非我们能解释历史如此的根本原因。

既然能解释历史如此的根本原因,自然也能对未来进行合理的预测。但果真如此的话,何必还要用历史去推断未来呢?凯恩斯帮助我们认识了其中的不同。他指出,对股票的长期预期是经营("对资产在整个寿命期内的预期收益进行预测")和投机("对市场的心理进行预测")的结合。

我对这些论述相当熟悉,因为 66 年前,我已经把它们写进我的普林斯顿大学毕业论文中,论文的标题是《投资公司的经济角色》("The Economic Role of the Investment Company")。也许是命中注定,这也成了我进入共同基金领域的起点。

以 10 年为期,投资收益稳定且为正值

只要观察 10 年期的股市收益(见图 2.2),就能清楚认识到其收益的二重性。

按照凯恩斯的思路,我把股市收益划分为两个部分:投资收益(经营),最初实现的股利收益加上随后派生的收益增长,它们共同构成了我们所说的企业"内在价值";投机收益,即市盈率变动对股票价格的影响。我们首先从投资收益入手。

图 2.2 最上面的部分,显示了自 1900 年以来 10 年期的年均投资收益率。我们首先可以看到,在每个 10 年期内,股利收益在总收

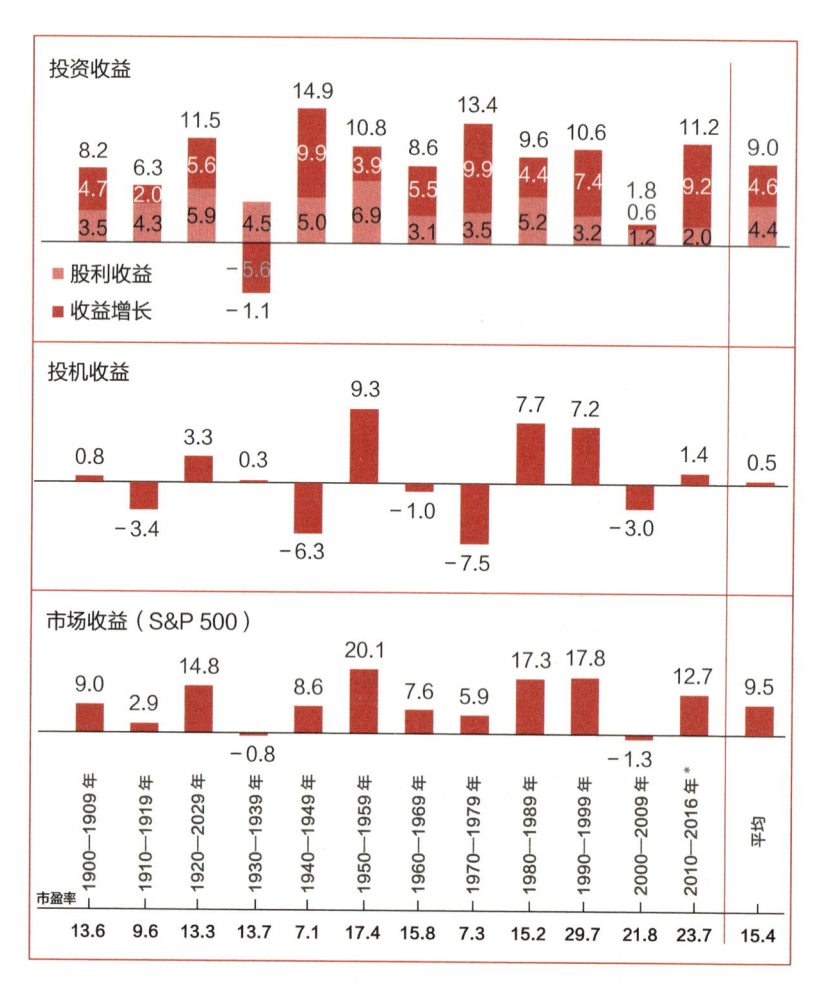

图2.2 10年期的投资收益，1900—2016年（年度百分比）

投资收益

时期	股利收益	收益增长	合计
1900—1909年	4.7	3.5	8.2
1910—1919年	2.0	4.3	6.3
1920—1929年	5.6	5.9	11.5
1930—1939年	4.5	−1.1	−5.6
1940—1949年	9.9	5.0	14.9
1950—1959年	3.9	6.9	10.8
1960—1969年	5.5	3.1	8.6
1970—1979年	9.9	3.5	13.4
1980—1989年	4.4	5.2	9.6
1990—1999年	7.4	3.2	10.6
2000—2009年	1.8 / 0.6	1.2	—
2010—2016年*	9.2	2.0	11.2
平均	4.6	4.4	9.0

投机收益

1900—1909年	0.8
1910—1919年	−3.4
1920—1929年	3.3
1930—1939年	0.3
1940—1949年	−6.3
1950—1959年	9.3
1960—1969年	−1.0
1970—1979年	−7.5
1980—1989年	7.7
1990—1999年	7.2
2000—2009年	−3.0
2010—2016年*	1.4
平均	0.5

市场收益（S&P 500）

时期	收益	市盈率
1900—1909年	9.0	13.6
1910—1919年	2.9	9.6
1920—1929年	14.8	13.3
1930—1939年	−0.8	13.7
1940—1949年	8.6	7.1
1950—1959年	20.1	17.4
1960—1969年	7.6	15.8
1970—1979年	5.9	7.3
1980—1989年	17.3	15.2
1990—1999年	17.8	29.7
2000—2009年	−1.3	21.8
2010—2016年*	12.7	23.7
平均	9.5	15.4

＊注：此处统计至2016年。市盈率参考每个10年期期末的数据，1900年的市盈率是12.5。

益中的份额均非常稳定：全部是正值，平均值为4%，只有2次超出了3%～7%的范围。再看一下收益增长对投资收益的贡献，除了20世纪30年代"大萧条"时期之外，收益增长对投资收益的贡献在每个 10 年期内均为正值，并且在几个 10 年期超过了 9%，一般在 4%~7%，平均值为 4.6%。

结论：总投资收益（即包含股利收益和收益增长的利润）仅在一个 10 年期内出现过负值（同样是在 20 世纪 30 年代）。这些 10 年期的总投资收益——企业经营所创造的盈利——极为稳定，在各年度基本保持在 8%~13%，平均为 9%。

以 10 年为期，投机收益波动巨大

现在纳入投机收益，如图 2.2 中间部分所示。对比各个 10 年期相对稳定的股利收益和收益增长，投机收益的波动幅度相当大。市盈率上下波动，而投机收益受其影响十分明显。例如，如果市盈率每 10 年增长 100%，从 10 倍增加到 20 倍，那么，对应的年投机收益率增加了 7.2%。

如图 2.2 所示，当一个 10 年期的投机收益为显著的负数时，随后 10 年期就会出现对应的正的投机收益。例如，20 世纪头 10 年的投机收益是负值，而 20 世纪 20 年代的投机收益发生反转；令人沮丧的 20 世纪 40 年代后，是欣欣向荣的 20 世纪 50 年代；在沮丧的 20 世纪 70 年代之后，就迎来了飙涨的 20 世纪 80 年代。

显而易见，这种模式就是均值回归。均值回归是指股票收益率随时间推移而回归到长期常态水平的趋势。高收益期后一般会出现低收益期，反之亦然。令人不解的是，在 20 世纪八九十年代，投机收益居然接连出现两个 10 年的繁荣期，而这在过去从未发生。

1999年4月，市盈率增长到了史无前例的34倍，但市场很快回归理性，此后的股市大跌顺理成章。随着企业收益持续稳定增长，市盈率已从20世纪初的15倍，增长到目前的23.7倍。在这段时间里，相比企业长期赚取的年度投资收益，投机收益只提升了0.5%。

投资收益与投机收益之和等于股票市场总收益。尽管投机收益在绝大多数10年期内均对总收益产生了较大影响，但从长期来看，却几乎没有任何影响。9.5%的年均收益率几乎全部是由企业创造的，而只有区区0.5%来自投机收益。

其中的原因很清楚：股票收益几乎完全取决于由企业创造的投资收益。至于反映在投机收益上的投资者心理因素，几乎对股市总收益没有影响。因此，决定长期股票收益的是经济因素，而心理因素对短期市场的影响将随时间逐渐消失。

企业内在价值主宰股价长期走势

我在这个行业里摸爬滚打了66年以上，但依然不知该如何预测投资者的心理变化[①]。好在投资的数学基础还算简单，这让我可以对长期投资走势进行精确预测。

为什么？很简单，美国股票市场提供的长期收益，几乎完全取决于投资收益，即美国企业创造的利润和股利。换句话说，虽然梦想（我们为购买股票所支付的价格）会脱离现实（企业的内在价值），

---

① 在这个问题上，很多人与我有同感。我还没听说有谁能够稳定做到这一点。事实上，从事金融研究工作这么多年，我从未见过有谁真能做到。

但长期的主导力量依然是客观现实。

为了充分说明这个问题，我们不妨设想投资由两种不同的游戏构成，这也是多伦多大学罗特曼管理学院（Rotman School of Management）院长罗杰·马丁（Roger Martin）的说法。

一种是"真实市场，无数大型上市公司彼此竞争"。 真实公司花费真实的资金，制造与销售真实的产品与服务。只要它们有足够的能力，就可以获得真实利润，向股东支付真实股利。当然，这场游戏同样也需要真实的策略、决策和技能，还有真实的创新与远见"。

而另一种市场被称为预期市场，与真实市场联系松散，此时"价格并不依赖销售毛利或净利润"。 短期而言，当投资者预期膨胀时，股价便会上涨，而此时的销售额、毛利或利润却未必增加"。

忽略噪声，做一个长期主义者

为了认清两者的差异，我还要补充一点。预期市场基本是投机者预期的产物。他们总想猜测其他投资者如何预期，以及其他人会对市场上的新消息产生怎样的反应。预期市场的本质是投机，而真实市场的实质则是投资，所以，股市就是对商业投资的巨大干扰。

绝大多数情况下，它把投资者的注意力吸引到那些转瞬即逝、起伏不定的短期预期上，而不是那些真正有价值的东西——投资收益只能源于企业经营创造的长期收益。

莎士比亚写道："（它就像）一个白痴讲的故事，尽管有声有色，但却空洞无物。"

这也适合用来描述纷繁喧闹的股市。在这里，股票价格每时每刻都在波动，让人无所适从。因此，我送给投资者的建议是：**忽略金融市场上的那些短期噪声，关注企业经营的长期状况。想要投资成功，就要摆脱股票价格的预期市场，融入企业的真实市场。**

杰出投资者的 顶层认知

真正的投资者更关注企业经营

我们只需牢记本杰明·格雷厄姆的教导。他是《聪明的投资者》一书的作者以及巴菲特的导师。在讨论投资本质的时候，他对财富的概念进行了精辟的剖析："就短期而言，股票市场是一台投票机……但是从长期来看，股票市场是一台称重机。"

之后，格雷厄姆还提出了一个精妙的比喻——"市场先生"：

"如果你花1 000美元购买了某一私人企业的一小部分股票。你的一位合作伙伴——市场先生——非常愿意帮助你。每天他都会乐此不疲地告诉你，他认为这些股票值多少钱，然后再按照他的计算买卖这些股票。某些情况下，他的估价似乎还算合理，企业的发展情况和市场预期也支持他的观点。但这位市场先生却喜怒无常，常常受制于自己的情绪，时而激情高涨，时而畏惧恐慌，这又让他的判断难免带上感情色彩，甚至变得荒谬。

"如果你是一位足够谨慎的投资者，你是否会让市场先生每天变动的情绪左右你对这1 000美元股票所进行的价值判断呢？当然，只有在你认同他的观点，或是你想和他做生意的时候，你才会这样做。在大多数情况下，你对自己的股票值多少钱，肯定会有自己的想法。真正的投资者……应该做得更出色，他们应该忘却股票市场，把目光集中到股利回报以及企业的经营成果上。"

第 3 章

指数基金
一次买到所有上市公司股票

THE LITTLE BOOK
OF COMMON SENSE
INVESTING

1976年，先锋500指数基金诞生，当时市场上共360家主动型基金。40年后，那些基金仅存74家，先锋500指数基金却斩获年均10.9%的收益率。为什么先锋500指数基金是衡量股票总体价值的最佳指标？

博格论指数基金 THE LITTLE BOOK OF COMMON SENSE INVESTING

《机构投资的创新之路》作者
大卫·史文森

在所有基金中,只有区区4%的基金能够超越市场,而这4%的基金也只能获得0.6%(年化)的税后超额收益。其余96%的基金都无法达到先锋500指数基金的收益能力,更不用说超越了。而它们破坏财富的能力却不可小视,亏损率居然高达每年4.8%。

如何与经济基本面共舞呢？只需要你购买所有美国企业股票构成的投资组合，然后永久持有。这个简单的操作，能保证你赢得多数投资者参与的投资游戏。要知道，就整体而言，投资者在这个游戏中处于输家的地位。

什么指数是衡量股票总体价值的最佳指标？

千万注意，不要把简单和愚蠢等同起来。实际上，早在1320年，奥卡姆的威廉（William of Occam，14世纪逻辑学家）就已经阐述了这个概念：当有多个解决问题的答案时，一定要选择最简单的那个（"如无必要，勿增实体"）。正因如此，"奥卡姆剃刀"原理才成为科学研究的一个重要原则。因此，想要拥有所有美国企业，就是要持有一个拥有整体股票市场的投资组合，或者与之对等的组合。

在过去90年里，一般公认的美国股票市场投资组合，正是以标准普尔 500 指数为代表。该指数创建于 1926 年，目前包括 500 只股票[①]。从本质上看，它包含了美国最大的 500 家公司，并以各公司股票的市值为权重，采用加权平均法计算。到目前为止，这 500 家公司的股票市值已经达到所有美国股票市值的 85% 左右。这种市值权重型指数的优点在于，它的净值不需要通过买卖股票来调整，而可以根据股票价格的变动自动调整。

1950—1990 年，企业养老金大幅增长。作为一个极具可比性的量度指标，标准普尔 500 指数成为衡量基金经理经营业绩的理想标准，乃至股票市场的基准收益率。今天，标准普尔 500 指数依然是考核养老金基金和共同基金管理人经营业绩的参考标准。

1970 年，一个涵盖范围更广的美国股票指数出现了。起初，它被称为威尔逊 5000 指数（Wilshire 5000），也就是现在的道琼斯·威尔逊整体市场指数（Dow Jones Wilshire Total Market Index）。它容纳了 3 599 只股票，其中包括标准普尔 500 指数中的 500 只股票。但是，由于其成分股也是按股票市值进行加权平均的，因此，其余 3 099 只股票仅占其价值的 15% 左右。

作为涵盖范围最广的美国股票指数，它是衡量股票总体价值的最佳指标，也是评判全体投资者美国股票投资收益情况的权威标准。正如前文所说，这两个指数持有的大型股类似。

表 3.1 说明了两个指数中权重最大的 10 只股票及其在各自指数中所占的比重。

---

① 标准普尔 500 指数最初只包括 90 家公司，1957 年增加到 500 家。

表 3.1 标准普尔 500 指数与整体市场指数构成的比较，2016 年 12 月

标准普尔 500 指数			整体市场指数		
排名	权重（%）	总市值（万亿美元）	排名	权重（%）	总市值（万亿美元）
苹果公司	3.2	19.3	苹果公司	2.5	22.7
微软	2.5		微软	2.0	
阿尔法特	2.4		阿尔法特	2.0	
埃克森美孚	1.9		埃克森美孚	1.6	
强生	1.6		强生	1.3	
伯克希尔·哈撒韦	1.6		伯克希尔·哈撒韦	1.3	
摩根大通	1.6		摩根大通	1.3	
亚马逊	1.5		亚马逊	1.3	
通用电气	1.4		通用电气	1.2	
脸书	1.4		脸书	1.1	
前 10 位	19.1		前 10 位	15.6	
前 25 位	33.3		前 25 位	27.3	
前 100 位	63.9		前 100 位	52.9	
前 500 位	100.0		前 500 位	84.1	

考虑到组合结构上的相似性，这两个指数收益水平的相近也就不足为奇了。芝加哥大学证券价格研究中心（The Center of Research in Security Prices）计算了1926年以来所有美国股票的收益，其结果几乎与整体市场指数完全吻合。研究结果显示，这两个指数的收益率几近一致，很难看出两者之间的差异（见图3.1）。

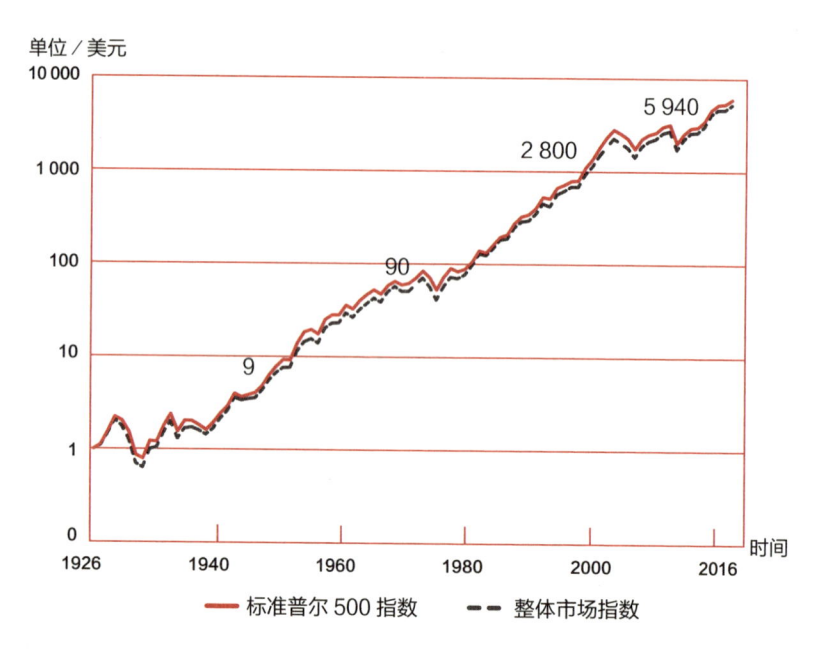

图 3.1　标准普尔 500 指数与整体市场指数

在整个研究期内，标准普尔 500 指数的年均收益率为 10.0%；而整体市场指数的年均收益率则是 9.8%。这也就是我们所说的"区间依赖型"（period depends）结果，也就是说，评价结果取决于起始日期和终止日期。假如我们从 1930 年，而不是 1926 年开始进行比较，两者的收益率将完全相同，年均收益率均为 9.6%。

可是，它们在比较期内仍存在不同程度的偏离：1982—1990 年，标准普尔 500 指数的表现显然更为优异，其年均收益率达到 15.6%，而同期的整体市场指数年均收益率只有 14.0%。然而，在最近几年，小盘股和中盘股的市场表现更为抢眼，因此，整体市场指数年均收益率为 10.2%，明显胜过标准普尔 500 指数的 9.9%。不过，考虑到两个指数收益能力间高达 0.99 的相关系数（完全相关为 1.0），这也就没什么值得挑剔的地方了。

指数基金优势表现在每年、每月、每周

不管采用何种衡量指标，我们都应该认识到，对于构成这个股票市场的所有上市公司而言，股票市场的总收益，必然等于所有投资者获得的收益之和[①]。同样显而易见的是，由于中间成本的存在，投资者所能实现的净收益必然小于股票市场的总收益，我们将在第 4 章探讨这个问题。常识告诉我们，这绝对是再浅显不过的事实了。正如我们在第 1 章里看到的，**只要长期拥有股票市场，就会成为赢家，而试图击败市场的，则会成为输家**。

对于这样一个低成本且涵盖整个市场的基金，其长期收益率注定要高于股票投资者的整体收益率。一旦认识到这一事实，我们就会发现，指数基金的优势体现在长期，而且表现在每一年、每一月和每一周，甚至是每一天的每一分钟。不论时间多长，股票市场的

---

① 未扣除费用。

总收益减去中间成本，必然等于全体投资者所能得到的净收益。如果数据不能证明指数化投资是赢家，那么这些数据肯定有问题。

但就短期而言，标准普尔500指数或整体市场指数却并不总是赢家。原因在于，在美国股市活跃着几百万股民，他们当中既有业余投资者，也有专业投资者；既有国内投资者，也有国外投资者，而我们根本就不可能以同样的方式去计算他们的收益。

在共同基金领域，一般是用各种基金的平均收益作为共同基金的最终收益，也就是说，以每只基金为单位来计算平均收益，而不是以每只基金的资产规模为权重来计算加权收益。市场上存在大量的小盘基金和中盘基金，它们的资产规模相对较小，对最终数据的影响也不成比例。当中小盘基金的表现相对优于整体市场时，大盘（all-market）指数基金的业绩似乎就会落后，而当中小盘基金业绩低于整体市场时，指数基金就会显现出无比的威力。

标普500指数优于97%同类主动型基金

对比各类主动型共同基金和标准普尔500指数是一个难题，而有效的办法是对比这只基金和能够体现其投资策略的某一指数。数年前，《标准普尔指数与主动型共同基金报告》（*S&P Indices versus Active Report*，SPIVA）就开始提供这方面的信息。这份报告提供了依据不同策略分组的主动型共同基金与相关市场指数对比的综合数据。

在2016年年终报告中，SPIVA把最长研究周期扩展到15年（2001—2016年），并给出了主动型共同基金被相关基准指数超过的比例。结果令人印象深刻（见表 3.2）。总体而言，在先前 15 年里，90% 的主动型共同基金的表现不及它们的基准指数。由此可见，指数的优势持续而稳定。

表 3.2　标准普尔 500 指数胜过主动型共同基金的比例，2001—2016 年
（%）

基金规模	成长型	核心型	价值型
大型	95	97	79
中型	97	99	90
小型	99	95	81

标准普尔 500 指数的表现，优于 97% 的主动型大盘核心股基金。除了标准普尔 500 指数以外，其他用来比较的指数还包括标准普尔 500 成长型和价值型指数。采用这三种基准指数的基金，又可以根据规模分为大型、中型和小型。表 3.2 显示出指数的绝对优势，因此指数基金的蓬勃发展也就顺理成章。

1951 年，我在大学毕业论文中曾提到，共同基金"不能宣称优于大盘指数"。66 年过去了，这句话被证明是相当保守的陈述。

1976 年 8 月 31 日，世界上第一只指数基金——先锋 500 指数基金开始运营。近年来，这只基金的表现不仅没有减弱，反而更加优异。让我们用例子来说明：2016 年 9 月 20 日，在庆祝基金上市 40 周年的晚宴上，有一位曾经担任基金承销人的顾问，当时，他按每股 15 美元的价格买了 1 000 股，投资总金额 15 000 美元。

宴会上，他不无骄傲地告诉大家，到目前为止，这笔投资的价值（包括基金持股的股利再投资，以及这些原始基金分派的额外股份）已经达到了 913 340 美元。我想，这个数字已不需要我们再多说什么，但我们有必要提出一项警告及一个值得留意的地方[①]。

不辞劳苦挑选股票，收益却未知

警告：1976 年先锋基金诞生时，市场上共有 360 家主动型共同基金，目前仅存 74 家。主动型共同基金出现又消失，而指数基金却一直存在。

提示：过去 40 年,标准普尔 500 指数以年均 10.9%的速度增长。当下，面对较低的股利收益、较低的收益增速预期和较高的市场估值，如果有人假设这样的收益率会在今后 40 年里持续下去，那么，他就太不聪明了。详细内容见第 9 章。

这个长期的优秀业绩可以证明：通过最具多样性的指数基金拥有美国企业，在逻辑上是合理的，收益率是最好的证明。同样不可忘记的依然是"奥卡姆剃刀"那个颠扑不破的真理：不要一窝蜂和别人凑热闹，投资者似乎总喜欢不辞劳苦地去挑选股票，希望找到能给自己带来意外之喜的市场宠儿，或是试图抢先一步，未卜先知，猜测股票市场的前景（总之，这也是绝大多数投资者最喜欢做，但是最徒劳的行为）。事实上，我们只需要所有方案中最简单的一个——买入并持有一个低成本、追踪整体股票市场的组合。

---

① 这位投资者分别支付了股利税和资本利得税。

杰出投资者的**顶层认知**

30年诋毁和攻击，
掩盖不了指数基金的光芒

不妨听听备受尊敬的耶鲁大学捐赠基金首席投资总监大卫·史文森的说法："在所有基金中，只有区区4%的基金能够超越市场，而这4%的基金也只能获得0.6%（年化）的税后超额收益。其余96%的基金都无法达到先锋500指数基金的收益能力，更不用说超越了。而它们破坏财富的能力却不可小视，亏损率居然高达每年4.8%。"

很多由大公司、州政府或联邦政府管理的养老金基金，都以最简单的指数基金作为基本投资策略。而指数基金更是它们中规模最大的退休计划——联邦政府雇员的退休计划（Thrift Saving Plan，TSP）——的主导投资策略。这个服务于已退休政府公务员以及军人的养老金计划一直非常成功，目前持有的资产市值大约有4 600亿美元。在实际提取之前，该计划的所有捐赠和收益均采取递延纳税的方法，这一点非常接近于401（k）条款规定的企业养老金计划。

即使是在大西洋彼岸，指数投资也备受好评。伦敦《投机家》（The Spectator）专栏作家乔纳森·戴维斯（Jonathan Davis）就指出："在英国的金融服务业中,始终没有人能效仿约翰·博格的指数基金在美国取得的辉煌业绩。英国金融行业竟然无法提供类似的产品。这个行业里,所有专业人士都知道,无论什么样的投资者,指数基金都应该是他们构建长期投资组合的基石。

"1976年以来,先锋指数基金的年复利收益率已经达到了12%,胜过了75%的基金。尽管冷漠忽视以及业内人士的诋毁伴随它走过了30年,但是,正是这位投资界的无名英雄,让众多投资者享受着投资给他们带来的丰硕果实。"

THE LITTLE BOOK
OF COMMON SENSE
INVESTING

第 4 章

成　本

长期收益的"胜负手"

按 50 年投资期，冰冷的数据显示，金融中介拿走 61% 收益，而只有 39% 收益给到投资者。然而现实中，为什么大多数投资者始终相信付费给金融中介会加速增长自己的财富？

博格论指数基金 THE LITTLE BOOK OF COMMON SENSE INVESTING

传奇基金经理
彼得·林奇(Peter Lynch)

标准普尔500指数在10年内增长了343.8%，可普通股票基金只增长了283%。因此，专业投资人士的介入，反而让绩效变少了。大众如果投资指数基金应该会更好。

在我们讨论指数投资的成功之道以前，还是先来深层次探究一下：为什么作为一个整体，投资者无法通过股利和收益增长获得企业创造的并最终反映在股价上的企业利润。实际上，要理解其中的原因，我们只需懂得一个最简单的数学规则：**作为一个集体，所有投资者的收益总和必定等于市场收益总和**。请注意：这是扣除投资成本之前的情况。

扣除成本，投资收益必然低于市场收益

一旦扣除了金融中介成本——五花八门的管理费、组合换手费、经纪人佣金、销售税、广告费、各种运营费以及法律服务费，投资者的整体收益必然而且永远会低于市场收益总和，而其中的差值便是这些成本之和。这就是投资领域无可争辩的事实。

如果市场收益率在给定年份里是 7%，作为一个整体，所有投

资者就可以赚取7%的总收益率。不过这毫无意义，缴纳了金融中介费用后，口袋里剩余的钱才属于我们。（不管是赢利还是亏损，这些费用都逃不掉！）

在这里，有两点确定无疑：

◎ 扣除成本前，击败市场是一场零和博弈；
◎ 扣除成本后，击败市场是一场输家游戏。

投资者群体赚取的总收益必然要少于金融市场实现的总收益。那么，这些成本到底有多少呢？对于单个投资者来说，每年的交易成本相当于交易额的1.5%左右。交易次数较少的投资者，承担的中间成本也较低（1%左右），交易越频繁，中间成本就越大。换手率超过200%的投资者承担的中间成本约为3%。

在主动型股票共同基金中，管理费和运营费——两者统称为费率（expenses ratio）——每年平均大约为1.3%。按照基金资产加权后，大约为0.8%。然后，我们再加上另外0.5%的销售费。这是假设初始销售费为5%，平均到10年的结果。如果投资者仅持有5年，每年承担的费用就会增加一倍——也就是，每年需要摊销1%（许多基金都有销售费，经常分摊到10年或更久，大约60%的基金是"免费"基金）。

但是，还有一大笔看不见的附加费用在等着你，所有这些费用对投资者来说有百害而无一利。我所说的是投资组合转手所带来的隐藏成本，这部分费用估计每年在1%左右。基金的年平均换手率大约在80%，这就意味着，一个资产规模为50亿美元的基金，每年都要买进20亿美元的股票，再卖出另外20亿美元的股票，共计交易40亿美元股票。按照上面提到的收费标准，经纪人佣金、买卖差价和市场影响成本，还有增加新基金时投资者需要承担的额外成本，综合起来是0.5%~1%。

最终的结局：拥有股票基金的"所有"成本每年可能达到2%~3%。所以说，成本俨然就是一个主宰者。全体投资者的收益，正好是大家没有付出的部分。因此，被动的投资者反而成了赢家。这不过是常识。

几年前，在阅读哈佛大学法学院教授路易斯·布兰蒂斯（Louis Brandeis）的《别人的钱》（*Other People's Money*）一书时，我曾经看到一段话，这段话再生动不过地诠释了这个道理。作为美国最高法院历史上影响最大的法理学家之一，早在一个世纪前，布兰蒂斯就曾经严词指责控制美国投资界和美国企业的金融寡头。

金融中介管理他人资产却实现自己财富梦

谈到这些寡头们自我服务式的管理模式，以及他们相互勾结、利益互牵的实质，布兰蒂斯是这样描述的："可以肆无忌惮践踏法律、人类和神灵，以1+1=5的谎言欺骗着民众。"他预言，这个盛行的投机活动必将崩解（准确地说，他的预言最终都变成了现实），"在冷酷但公正的数学规则面前，它们将原形毕露"。然后，他补充了一句意味深长的警告［这句话应该出自古希腊戏剧家索福克勒斯

（Sophocles）]："哦，陌生人，请记住，数学是科学之父，安全之母。"

布兰蒂斯的话就像一记当头棒喝。为什么这样说呢？因为对投资而言，数学规则的冷酷与公正再明显不过（那些贬低我的人一直在说，我所主张的只不过是大家都懂的废话）。

但让人百思不得其解的是，大多数投资者都难以认清摆在眼前的东西，哪怕是最浅显易懂的东西。或者更直白、更准确地说，他们是拒绝现实，因为现实否定了他们心中根深蒂固的信念、偏见和过度自信，还有毫不怀疑地接受的金融市场长久以来的运作方式。

更重要的是，鼓励投资者和客户去认识这些显而易见的事实，也不符合金融中间人的利益。

事实上，在这个金融体系中，自私自利的人更多的是在强迫人们忽视这些规律。正如美国作家厄普顿·辛克莱（Upton Sinclair）所言："当一个人可以因为不了解而赚钱，那了解这件事对他来说将变得难如登天。"

在我们这个金融体系中，中间业务为那些管理他人资产的人带来了无数财富。他们的自利倾向不可能在短时间内改变。但作为投资者，我们必须看管好自己的财富。只要能正视眼前现实，任何一个不缺少理性的投资者都会成功。

那么，市场中介成本的影响到底有多大呢？太大了！实际上，长时间以来，股票基金的收益率一直落后于市场平均收益率，其中最重要的原因就是居高不下的成本。既然如此，为什么不想想其他办法？

总体上看，这些基金经理聪明绝顶、接受过高等教育、知识渊博且为人可信。但是，他们不得不相互竞争。当某一方买入股票，必定有人在卖出股票。就整体而言，这样的交易行为不会带来收益，只会带来交易成本，这些钱都会流入沃伦·巴菲特在本书第1章里所说的那些帮手的口袋中。

投资者太过轻视投资成本，尤其是以下3个原因，更促使他们低估这些成本的重要性：

◎ 股票市场的收益率一直保持在较高水平（1980年过后，股票市场的平均年收益率达到11.5%，而基金的回报率看起来也不错，达到10.1%）；

◎ 投资者在关注短期收益时，忽视了交易成本在整个投资期内产生的流出效应；

◎ 很多此类成本是隐性的（投资组合交易成本、手续费变动，以及不必要的资本利得带来的税金等）。

具体事例或许更能说明问题。假设在过去半个世纪，股票市场年均收益率为7%。是的，半个世纪看起来有点长，但人一生的投资期间更长——如果一个投资者在22岁参加工作，他的投资期间可能长达65～70年；然后，我们再假设，共同基金每年至少产生2%的成本。最终的投资结果是：基金的年均净回报率就剩下5%。

50年投资期，61%收益被成本吞噬

按照这些假设，我们看看10 000美元在50年后能赚到多少钱

（见图 4.1）。假设名义年均收益率是 7%，单纯投资股票市场，这笔投资将会增加到 294 600 美元，这就是长期投资的复利效应。

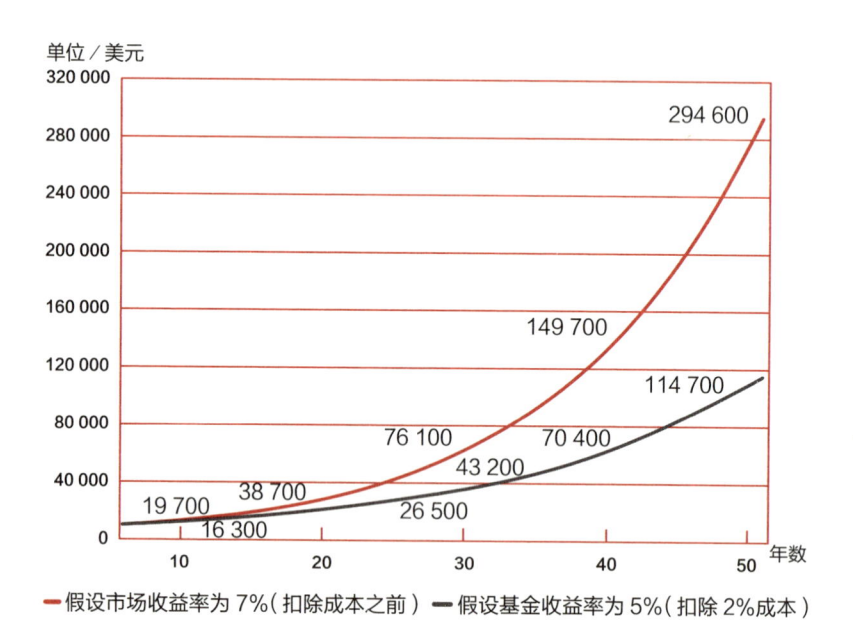

**图 4.1　神奇的复利效应与高昂的复利成本：
10 000 美元的初始投资在 50 年内的增长趋势**

让我们看看图 4.1 的两条收益曲线。5% 和 7% 的差距在最初几年看起来并不大。然而，这两条收益曲线逐渐分离，最终有了天壤之别。50 年后，基金的累计价值只有 114 700 美元，比市场的累计回报足足少了 179 900 美元。为什么？原因就是复利效应造成的巨大成本。

在投资领域，时间不会治愈创伤，有时候反而会在伤口上撒盐。谈到报酬，时间是你的成本，但是一旦考虑成本，时间就成了敌人。

如果我们看一下这 10 000 美元投资的价值如何被时间所吞噬，就能很好地认清这一点（见图 4.2）。

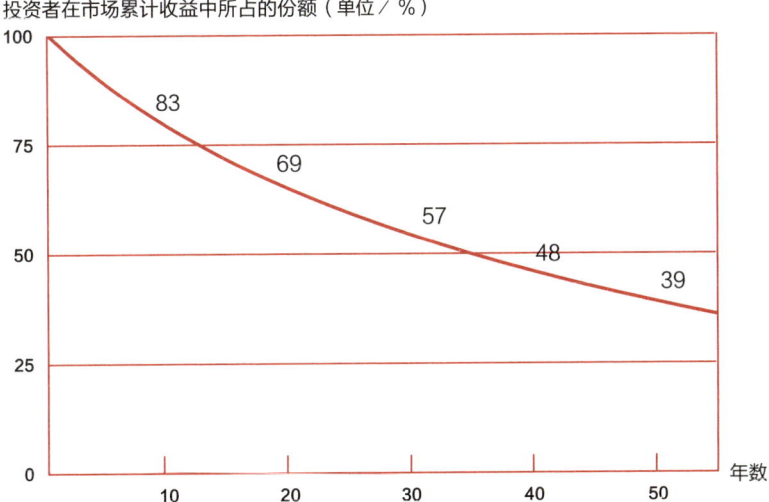

投资者在市场累计收益中所占的份额（单位/％）

图 4.2 残酷的复利效应：收益率落后于市场 2% 的长期后果

第 1 年年底，资产的潜在价值仅流失了 2% 左右（10 700 美元 vs 10 500 美元）。到了第 10 年，流失的价值为 17%（19 700 美元 vs 16 300 美元）。到了第 30 年，流失的价值为 43%（76 100 美元 vs 43 200 美元）。到 50 年投资期结束时，在通过持有市场组合积累起来的收益中，有将近 61% 被成本所吞噬，投资者只得到了 39%。

永远记住：复利收益敌不过复利成本

在这个例子里，投资者投入 100% 的资本，承担 100% 的风险，却只拿到少于40%的潜在收益。而金融中介机构不需要拿出一分钱，也不承担任何风险，却可以把60%以上的市场收益收入囊中。从这个例子中可以看到，**长期来看，复利收益注定敌不过复利成本，我希望你永远不要忘记这一点！**另外还要牢记我们此前论述的：冷酷但公正的数学规则。

简单来说，基金经理稳坐投资食物链的顶端，侵吞了金融市场创造的收益，而处在食物链底端的投资者，就只能忍受不合理的剩余收益。事实上，投资者根本就不必承担这些成本，因为他们本可以投资一只跟踪标准普尔500指数的指数基金。

总之，依据投资中最简单的数学规则，这些成本合乎逻辑且无法回避，它们自始至终吞噬着共同基金投资者的收益。按照布兰蒂斯大法官的说法，我们的共同基金经理似乎已经被幻觉迷惑，然后又煞有介事地为投资者编织同样的幻想。

基金销售人员总是宣称，1900年以来股票市场年均收益率是9.5%，却绝口不提2%的基金费用和3%的通货膨胀率，刻意误导投资者，让他们以为真能获得9.5%的收益。显而易见，任何人都知道，这绝对是天方夜谭。各位只需要自行计算，就能明白一切：投资者的实际收益只有4.5%。

除非基金行业有所转变，采取措施提高基金持有者的收益，否则，它只能在停滞与徘徊中不可避免地走向衰亡，成为冷酷但公正的数学规则的牺牲品。

假如布兰蒂斯看到你在读这本书的话，他肯定会警告各位："哦，我亲爱的读者，请记住，数学是科学之父，安全之母。"

投资的成败，取决于成本的高低！所以说，各位一定要准备好纸笔，认真算一算。你一定要认识到，没有必要去参与这场绝大多数个人投资者及共同基金股东热衷的游戏，陷入疯狂的股票交易无法自拔。市场上存在低成本的指数基金，保证投资者能获得企业经营收益带来的合理报酬。

杰出投资者的顶层认知

专业人士的介入，反而降低投资收益

指数基金的优势已经得到很多共同基金业内人士的认同（尽管可能并不情愿）。彼得·林奇是富达麦哲伦基金（Fidelity Magellan Fund）的传奇经理人，他曾在1977—1990年管理该基金，取得了惊人的业绩。

然而，即便是这样一位业绩超群的投资大师，在退休时也不得不对《巴伦周刊》（Barron's）杂志说："标准普尔500指数在10年内增长了343.8%，可普通股票基金只增长了283%。因此，专业投资人士的介入，反而让绩效变少了。大众如果投资指数基金应该会更好。"

我们再来听听基金行业的领袖人物乔恩·福塞（Jon Fossel）的说法。他曾担任投资公司学会（Investment Company Institute）和奥本海默基金（Oppenheimer Funds）的董事长。他在《华尔街日报》上表示："人们应该认识到基金的平均收益，绝不可能超过整体市场。"

即使是那些活跃的投资者，似乎也认可指数投资策略。让我们听听詹姆斯·克拉默（James Cramer）的说法。他是基金经理人，也经常主持全国有线广播公司（CNBC）《疯狂货币》（*Mad Money*）这一节目。他说："在干了一辈子挑选股票的行当后，我必须承认，博格所主张的指数基金最终促使我准备和他站在一起，而不是去打败他。对于任何想在如此疯狂的股票市场有所斩获的投资者……博格的智慧和常识都不可或缺。"

甚至对冲基金经理也加入了这个行列。克利福德·阿斯尼斯（Clifford Asness）是 AQR 资本管理公司（AQR Capital Management）创始人和常务董事长，他把自己的智慧、才干和正直融入指数基金中："以市场大盘为基础的指数投资，将凭借其独有的优势，成为投资领域的王者。这是大家理论上都应该持有的投资，它的低成本为投资者带来丰厚的收益。"

博 格 论 指 数 基 金

THE LITTLE BOOK OF COMMON SENSE INVESTING

THE LITTLE BOOK
OF COMMON SENSE
INVESTING

10th

第 5 章

单一指标挑选基金

持有费率最低

在挑选基金时,是参考基金过往业绩,还是关注持有成本?为什么挑出表现优秀的主动型基金,就像大海捞针?

博格论指数基金 THE LITTLE BOOK OF COMMON SENSE INVESTING

CNBC 商业新闻责任编辑
泰勒·马西森（Tyler Mathisen）

我们当然能够明白指数基金的一些内在优势，比如，年费低、换手率低、交易成本低。此外，由于指数基金换手率低，不需要实现账面获利，因此它支付的税金也远少于主动型基金。

几乎所有基金专家，无论是财务顾问、金融媒体还是投资者，挑选基金时都非常看重过往业绩,甚至完全不参考其他信息。然而，过往业绩只能告诉我们过去发生了什么，却无法告诉我们即将发生什么。就像各位即将学到的,强调基金的过往业绩非但没有帮助，甚至经常会适得其反。常识告诉我们：基金业绩总会起起伏伏。

但还是有一些东西值得我们牢记：在选择基金时，不该过分依赖过往的业绩。你应该更加注重影响基金业绩的持续性因素——共同基金的持有成本。只有成本是永恒的。

相比基金历史业绩，更应重视持有成本

这些成本包含什么？**最常见且广为人知的第一项重要成本是基金费**。这部分的收费标准变化不大。有些基金的费率可能会随着资产规模的扩大而降低，但是与资产增长的幅度相比，下降幅度相对

有限，因此高成本基金一般都会保持高成本属性（最高成本档的基金的平均费率是 2.4%）。

与此同时，较低成本基金依然保持较低的成本（成本位于第四档的基金的平均费率是 0.98%），为数不多的超低成本基金继续保持超低水平的费率（最低成本档的基金的平均费率是 0.32%）。第五档（平均费率 1.1%）和第六档（平均费率 1.24%）的基金，也趋于维持各自的收费标准。

股票基金持有者的第二项重要成本，是每次购买基金时支付的手续费。 手续费一直存在，但基金的公开数据很少提及它。收费基金很少会变为免费基金，反之亦然（按照我的记忆，自从先锋基金在 1977 年史无前例地把收费基金转为免费基金后，还没有其他大型基金有过这样的举措）。

基金投资者承担的第三项重要成本，来自投资组合买卖证券的成本。 只要发生证券交易，就会产生成本。按照我们的估计，如果每次买入和卖出的换手成本约为交易额的 0.5%，这就意味着，如果基金组合换手率为 100%，那么投资者承担的成本约为资产总额的 1%。同理，50% 的换手率对应的成本率为 0.5%，10% 的换手率对应的成本率为 0.1%，以此类推。

根据经验：基金承担的换手成本等于换手率的 1%。2016 年，股票共同基金投资组合证券买卖总额达到 6.6 万亿美元，相当于普通股票资产总额 8.4 万亿美元的 79%。这些交易累计产生的成本约为 660 亿美元，相当于普通股票资产总额的 0.8%。

换手率越靠后，基金业绩越靠前

大多数关于基金成本的比较，通常都只是会关注基金对外公布的费率，而且费用越高，基金收益越低。这种情况不只存在于股票基金中，也适用于晨星（Morningstar，普通投资者评估基金表现时最信赖的评级机构）划分的 9 类基金组合（大盘股基金、中盘股基金和小盘股基金，每种基金又细分为成长型、价值型和综合型）。

少数独立机构在进行比较时，考虑了基金组合换手带来的附加成本。如果把所有基金按换手率平均划分为四级的话，换手率排在后 1/4 的基金的表现总是优于排在前 1/4 的基金。

在计算每只基金的费率时，如果加上估算的换手成本，更能体现出成本与收益间的关系。综合两种成本，我们发现，主动型股票基金的年度总成本占基金资产的 0.9% ~ 2.3%（见表 5.1，此处未计算手续费）。

10 年为期，费率最低赚 8 倍，费率最高赚 6 倍

成本会带来显著影响！表 5.1 显示，成本最低的基金和成本最高的基金，平均费率相差 1.43%。这个成本差异在很大程度上解释了它们在收益上的差异。在过去 25 年里，成本最低的基金的年净收益率为 9.4%；而成本最高的基金的年净收益率却只有 8.3%。因此，降低成本就可以提高收益。

请注意，如果把四级基金的成本加回到基金净收益当中，那么，

表 5.1 股票共同基金的收益与成本，1991—2016 年

按成本高低把全部基金分成四个等级	总收益	费率	换手率	总成本	净收益	累积收益	风险	风险调整收益 (%)
1级（成本最低）	10.3	0.71	0.21	0.91	9.4	885	16.2	8.9
2级	10.6	0.99	0.31	1.30	9.3	818	17.0	8.4
3级	10.5	1.01	0.61	1.62	8.9	740	17.5	7.8
4级（成本最高）	10.6	1.44	0.9	2.34	8.3	632	17.4	7.4
标准普尔500指数基金	9.2	0.04	0.04	0.08	9.1	783	15.3	9.1

注：成本包括费率和预计的换手成本，但不包括销售佣金。上述成本加上每一组的净收益即为总收益。

所有基金的总收益就会几乎相同：最高为 10.6%，最低为 10.3%。因此，成本的差异，基本能够帮助我们解释各类基金年度净收益的不同。

除此以外，还有一个显著差异。随着成本的上涨，风险也在增加。如果用年收益的波动值衡量风险，可以看到，成本最低的基金蕴含的风险（16.2%），明显高于成本最高的基金（17.4%）。考虑到风险对收益的抵减作用，经过风险调整后，成本最低的基金的年度净收益率为 8.9%，比成本最高的基金的年度净收益率（7.4%）足足高出 1.5 个百分点。

1.5 个百分点的差异看似不多，但如果经过长时间累积，差异将变得十分明显。成本最低的基金的累计收益率为 855%，而成本最高的基金的累计收益率为 632%，前者是后者的 1.35 倍。这完全是由成本差异造成的。

换句话说，10 年之后，成本最低的基金的价值可以增加 8 倍多，而成本最高的基金的价值则只能增加 6 倍多。毫无疑问，"到低成本池塘里去钓鱼"肯定会赚得更多，从而使选择不同成本的基金的投资者的收益产生巨大差距。请允许我再一次强调，成本真的至关重要！

我们夸大了成本的重要性了吗？我认为并没有。

以下几段文字来自晨星一位备受尊敬的分析师，除了可以确认我的结论，还值得参考：

> 在共同基金这一领域，费率绝对能够帮助你做出更好的

决策。就目前我们所测试的任何情况及时间，低成本基金的表现都优于高成本基金。

费率是评估基金绩效非常有用的参考数据。在所有资产类别里，跨越所有时间段，成本最低的基金的收益，总是高过成本最高的基金。

投资者应该把费率当作选择基金的首要评估指标。它也是最值得信赖的业绩预测器。

寻找表现好的主动型基金，无异大海捞针

如果你已经相信成本至关重要，并且已经决定购买成本最低的基金，那么你显然没有必要购买主动型基金。在所有基金中，传统指数基金成本最低。1991—2016 年，其平均年费率仅为 0.1%。由于换手成本难以度量，因此，指数基金的总成本就只有这 0.1% 的年费。标准普尔 500 指数基金年总收益率为 9.2%，净收益率为 9.1%。此外，由于它的风险低于上述四级基金（价格的年平均变动率为 15.3%），调整风险后的收益率为每年 9.1%，这比表 5.1 中成本最低的基金 8.9% 的收益率还高出 0.2 个百分点。

需要注意的是，在过去 25 年里，指数基金调整风险后 9.1% 的年收益率十分可观，而主动型基金的收益率则一直被夸大。

我们的统计只包含那些表现够好、能够持续生存的基金。如果针对"幸存者偏差"进行调整，主动型基金的平均收益率会从 9.0% 下降到 7.5%。

另外，如果选择指数基金，你就不必像大海捞针一般，到处去寻找表现好的主动型基金，并期待它们能长期保持优异表现。

正如晨星的建议，如果投资者想要依赖单一指标选择未来表现优异的基金，避开表现差劲的基金，那么基金成本是最好的选择。各种资料都清楚地表明，基金经理人和经纪人拿走的越多，投资者剩下的就越少。如果基金经理人无法从中获利，投资者就可以取得全部市场收益。

杰出投资者的顶层认知

低成本、低换手率，成就大赢家

早在 1995 年，CNBC 商业新闻的责任编辑泰勒·马西森就已经开始认识到共同基金的成本的重要性。他明白费率、换手成本以及非必要的税金会严重侵蚀基金持有者的收益。马西森后来成为《货币》（*Money*）杂志的主编，并十分认可低成本、低换手率且具有节税效应的指数基金：

"近 20 年来，先锋集团的总裁约翰·博格先生一直在宣扬指数基金的优点——这种投资组合旨在模仿整体的市场。数以百万计的基金投资者把他的话当作耳边风。

"我们当然能够明白指数基金的一些内在优势，比如，年费低、换手率低、交易成本低。此外，由于指数基金换手率低，不需要实现账面获利，因此它支付的税金也远少于主动型基金。

"好吧，博格，我们都错了，只有你才是真正的最终赢家。能够坐享平均收益率就已经足够好了，至少对于很大一部分的股票和债券投资者而言是这样的。事实上，通过指数基金锁定市场平均水准的报酬，往往可以使投资者有机会获得平均水准以上的报酬，其表现也往往优于主动型股票或债券的投资组合。这就是如今基金投资领域呈现出的矛盾：获得平均水准的收益，是投资者所能达成的最好结果。

"到了现在，我们终于醒悟过来了。我们开始接受博格先生始终坚持的基金投资策略：对于绝大多数投资者的基金投资组合而言，指数基金应该成为其核心。"

（感谢你，马西森！）

博 格 论 指 数 基 金

THE LITTLE BOOK OF COMMON SENSE INVESTING

THE LITTLE BOOK
OF COMMON SENSE
INVESTING

第 6 章

股　利

年均股利占股市年收益的 42%

1926—2017 年，用 1 万美元投资标普 500 指数，不包含股利，只能获得 170 万美元，股利复投将获得 5 910 万美元，股利为什么有如此巨大威力？

博格论指数基金 THE LITTLE BOOK OF COMMON SENSE INVESTING

> 巴菲特

尽管投资者很晚才明白这个道理,但保留利润和再投资的数学原理现在已经很清楚了。今天,学校里的孩子们也能理解凯恩斯所谓的"新奇言论":即储蓄与复利的结合创造了奇迹。

股利是股票市场长期收益的重要组成部分。事实上，1926年（从这一年开始，我们开始拥有关于标准普尔500指数的完整数据）以来，股利年均收益率达4.2%，占据股票市场10%的年均收益的42%。

90年为期，股利复投收益超不复投34倍

在一个较长时期里，在复利效应的作用下，股利对市场收益的贡献超乎想象。如果不包含股利收益，1926年1月1日，投资到标准普尔500指数的1万美元，至2017年年初将增长到超过170万美元。然而，如果把股利进行再投资，这项投资将增长至5 910万美元（见图6.1）。

标准普尔500指数的每股股利增长非常稳定（见图6.2）。1926年以来的90年里，股利只显著减少过三次：第一次发生在"大萧条"（1929—1933年）初期，跌幅55%；第二次发生在"大萧条"后期

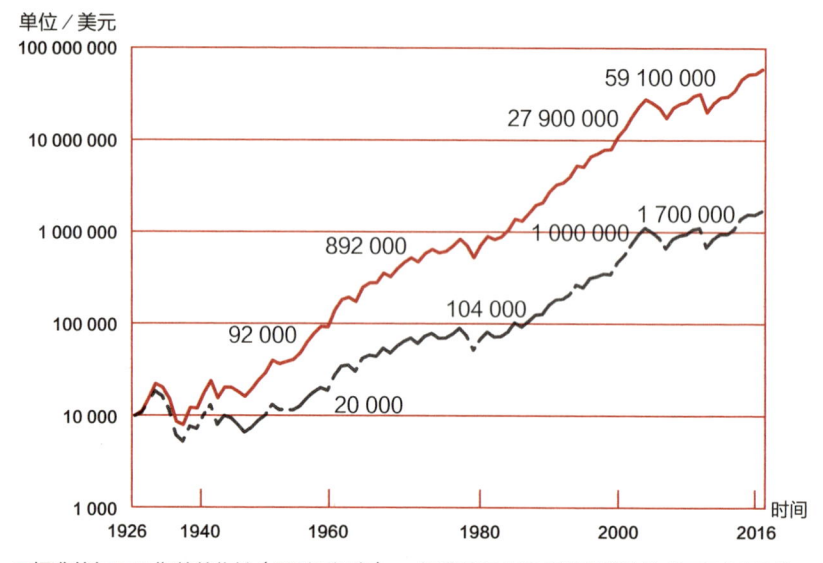

单位／美元

图 6.1　标准普尔 500 指数价格收益与总收益
　　─ 标准普尔 500 指数总收益（股利再投资）　-- 标准普尔 500 指数价格收益（不包含股利）

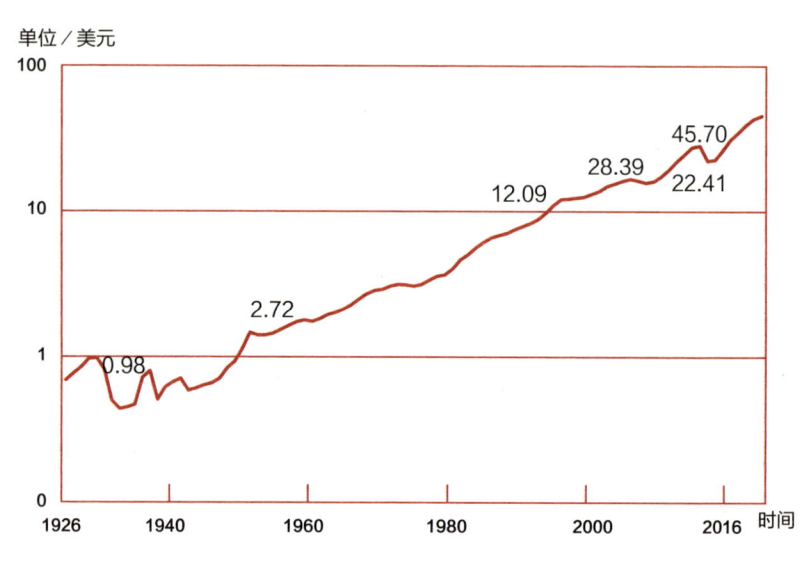

图 6.2　标准普尔 500 指数的每股股利

（1938年），跌幅36%；第三次发生在2008—2009年全球金融危机期间，跌幅21%。

第三次下跌，主要是因为银行被迫取消股利。标准普尔500指数个股股利从2008年的28.39美元，下跌到2009年的22.41美元，但在2016年创新高，达到45.70美元，比2008年前的高点还要高出60%。

主动型成长基金费用吞噬100%股利收益

股利的长期复利效应如此惊人，而且企业分派的股利金额相对稳定，你肯定会认为共同基金经理人会十分重视股利，不是吗？

错！因为共同基金所签订的管理合约，是按基金净资产，而不是股利收益收费。当股市的股利收益偏低（就像最近几年），基金费用会消耗掉基金获得的绝大部分股利收益。

结果是股票基金获得的大部分股利收益被费用吃掉。费用消耗了主动型成长基金收益的100%、主动型价值基金收益的58%！主动型基金与对应的指数基金的差异非常惊人。2016年，低成本价值型指数基金的费用消耗了其收益的2%；低成本成长型指数基金的费用消耗了其收益的4%（见表6.1）。

低成本价值型基金费用只侵蚀2%股利收益

股利对于长期收益有巨大影响，但你很可能会像大多数投资者一样，根本没有意识到你的股利收益早就被侵蚀了。你怎么会知道呢？尽管你有机会根据基金公司的财务报表计算出结果，但那些财务报告不太可能披露明确的信息。为什么不考虑低成本指数基金？它没有过于主动的基金经理，年费率可能低到 0.04%；它会把基金的股利收益合理分配给你，而且它还没有前文中提到的那些帮手。所以，为什么不呢？第 13 章将会进一步讨论这个构想。

表 6.1 股利收益和基金费用，2016 年

(%)

基金类型		总收益率	费率	净收益率	费用耗损的收益比率
主动型基金	成长型基金	1.3	1.3	0	100
	价值型基金	2.1	1.2	0.9	58
低成本指数基金	成长型基金	1.4	0.1	1.3	4
	价值型基金	2.5	0.1	2.4	2

资料来源：晨星。

杰出投资者的 顶层认知

关注股利分配，忽略股价波动

有一位名叫"股利成长投资者"（Dividend Growth Investor）的网络博主，在得知我强调股利重要性的观点后，写了一篇热情洋溢的文章响应我的观点：

"约翰·博格是投资界的传奇人物，是当代最重要的投资者之一，我认真地读过他写的几本书，非常欣赏他提出的投资理念。

"我十分认同博格提出的有关低成本、低换手率的概念，以及继续持有、保持简单的主张……在我阅读过的博格著作中，我尤其喜欢他在股利方面提出的那些建议。

"博格呼吁关注股利分配，忽略股价波动。他指出，股票市场是一个巨大的娱乐场，投资者应该留意股利……

"博格强调，股利一直在持续增长。对退休人员而言，股利是独立收入的可靠来源……博格同时也指出，股利无法按时发放且显著减少的情况，只出现过几次……我真的喜欢他传达的理念：继续投资，关注股利，保持最低的投资成本，忽略股价波动。

"博格反对投资界普遍主张的持有由 10～15 种不同资产类别的投资方法,因为这种做法只会让贪婪的基金经理们从中收费。我们要保持简单,就是持有股票和债券。

"总之,博格强调股利重要性的观点充满了真知灼见,如果你真的想让自己的生活变得更好,那么请忘掉那些基金经理的建议,并尽快拿起博格的著作阅读,用博格建议的方式来调整自己的投资计划。"

THE LITTLE BOOK
OF COMMON SENSE
INVESTING

第 7 章

双重惩罚

投资时机不佳和基金选择不当

为什么大多数投资者的实际平均收益率总是低于机构公布的"应得收益率"？基金公司迎合潮流，推出各类新基金，过度营销对投资者有何影响？

博格论指数基金 THE LITTLE BOOK OF COMMON SENSE INVESTING

彼得·林奇

最终决定投资者命运的既不是股票市场也不是那些上市公司,而是投资者自己。

很高兴看到许多业内人士同意我的观点，包括富达麦哲伦基金的彼得·林奇、投资公司学会前任董事长乔恩·福塞、《疯狂货币》主持人詹姆斯·克拉默，以及 AQR 资本管理公司的克利福德·阿斯尼斯（详见第 4 章）。典型的股票共同基金赚取的收益必然低于以标准普尔 500 指数为基础的指数基金。

基金表现好吸引资金流入，反之则流出

然而，基金投资者可以独享这些收益的想法只是美好的幻想。这不仅仅是幻想，简直就是妄想。投资者面对的现实要残酷得多。对于基金经理提供的服务，基金持有者除了要支付高昂的成本，还得支付更高的额外成本。我将在本章解释其中原因。

基金经理按照传统的时间加权法，调整基金投资组合中的资产价值，借以反映所有股利再投资以及分派的资本利得。在过去 25

年里，普通股票基金的年收益率为 7.8%，比标准普尔 500 指数的收益率 9.1% 少了 1.3 个百分点。可是，这些收益并不是基金投资者实际获取的报酬，他们实际得到的回报要少得多。

要确定普通基金投资者能赚到的收益，我们就必须考虑资金加权收益率（dollar-weighted return），从而囊括资金流入流出给基金带来的影响[①]（提示：多数基金因为表现优异而吸引资金流入，也会因为表现不佳而造成资金流出）。

如果按传统方法计算过去 25 年内投资者的平均收益率，我们就会发现，投资者所赚得的平均收益率并不是基金公布的 7.8%，而是 6.3%，也就是说，投资者每年都会少赚 1.5 个百分点。

指数基金也会遇到类似问题——行情好，资金流入；行情差，资金流出。不过投资者仍然可以赚取 8.8% 的收益，只比基金计算的收益少 0.2 个百分点。诚然，在这 25 年里，标准普尔 500 指数实现了 9.1% 的年均收益率，而普通股票基金的年均收益率也达到 7.8%，但普通股票基金持有人的年均收益率只有 6.3%。

1991—2016 年，股票基金落后指数基金 50%

如果按复利计算该期间的损益，巨大的成本平均要给每只基金带来 1.5 个百分点的损失。如果此时出现投资时机不佳和基金选择不当的情况，损失就更大了。

[①] 如果 1 亿美元在某一年实现了 30% 的收益，但投资者在该年度最后一天购买了 10 亿美元的股份，那么，投资者所取得的平均收益率就只有 4.9%。

图 7.1 显示自 1991 年,投资于低成本的标准普尔 500 指数基金的 10 000 美元,到 2016 年会获得名义收益 77 000 美元;而投资于普通股票基金的 10 000 美元,到 2016 年只能得到 55 500 美元,约为前者的 72%。

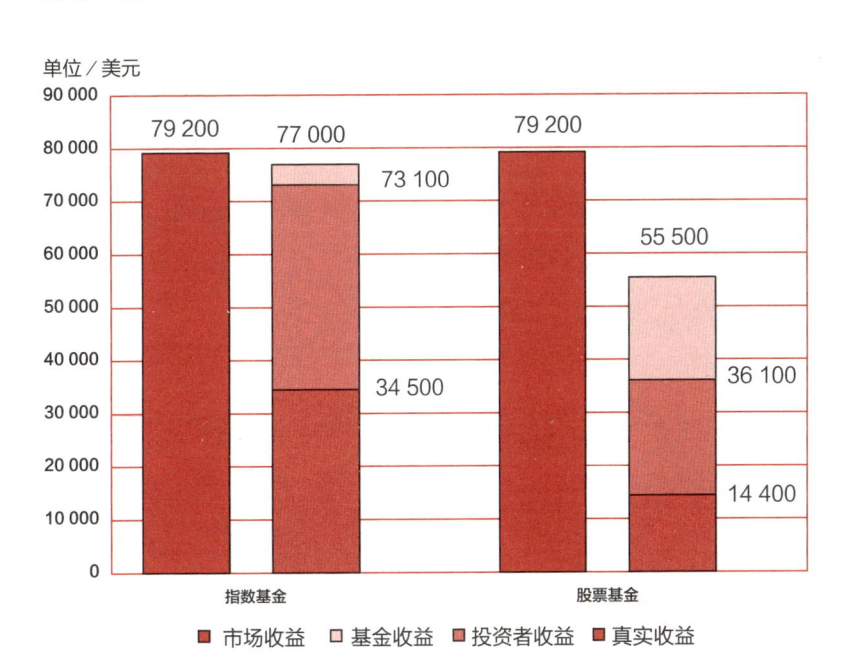

单位/美元

	指数基金	股票基金
市场收益	79 200	79 200
基金收益	77 000	55 500
投资者收益	73 100	36 100
真实收益	34 500	14 400

图 7.1　指数基金与股票基金:10 000 美元初始投资的利润,1991—2016 年

注:假设所有股利和资本利得均用于再投资。

这里只考虑了基金,而普通股票基金持有人的复利年均收益仅有 36 100 美元,较指数基金投资者赚取的 73 100 美元少了 50%。这些惩罚被叠加在了一起!

当把通货膨胀列入考虑时,所有收益的价值又会大幅下降。这段时间的年均通胀率达到 2.7%，因而指数基金的真实年均收益率下降到 6.2%，而普通股票基金持有人的真实年均收益率跌落至 3.6%。如果从金额来看，指数基金累积的真实收益价值会变成 34 500 美元，而普通股票基金持有人的真实收益为 14 400 美元。老实说，你可能真的难以想象会存在如此大的差距，但事实就是如此。

尽管这些数据表明，基金投资者的回报远低于基金收益，但它们间的差距到底有多大，却无从知晓①。虽然这个针对股市真实收益、基金平均收益以及基金所有者平均收益的检验不够精确，但它一针见血地揭示出了其中的问题。

不管数据精确与否，这些证据都毫无争议地表明：

◎ 股票基金的长期收益落后于股票市场，主要是因为成本；
◎ 基金投资者的收益远低于基金的收益。

为何低位割肉，高位加仓的情景反复出现？

那么，怎样才能解释如此令人瞠目结舌的落差呢？简单来说，是因为投资时机和基金选择不当。**首先，投资于股票基金的投资者要为投资时机选择不当付出代价**。在整个 20 世纪 80 年代和 90 年代初，市场形势一片欣欣向荣，蕴藏着巨大的价值，但投资者很少把自己的钱投入在股票基金上。之后，盲目的乐观和贪婪，再加上

---

① 基于晨星公司发布的过去 25 年里以时间加权的全部基金的平均收益和真实的以美元加权的收益，估算出来的差额。

共同基金从业者的推波助澜，让投资者在股市最热时将大量资金投入股票基金。

其次，错误的基金选择又让他们尝到了苦头。这些基金在过去拥有优异的业绩，但就像我们稍后看到的那样，很快就衰败了。为什么？简单来说，是因为基金的高额收益趋向平均值回归，甚至反转［我们将在第 11 章探讨均值回归（RTM）］。投资者在错误的时机选择了错误的基金，正是因为他们没有遵循常识。

这种滞后效应的影响广泛而深入。在 2008—2016 年最受欢迎的 200 种股票基金中，居然有 186 种基金在过往的 10 年内支付给投资者的收益小于其披露的收益！而 20 世纪 90 年代末的"新经济"狂潮，更是会让我们对这种现象感到震惊。

当时，基金行业突然间冒出了许多新基金，它们的经营风险大多远远超过股票市场本身，盲目的乐观和贪婪，以及共同基金从业者的推波助澜，让投资者在股市最热时将大量资金投入股票基金，使问题变得更加严重。

在市场行情飙升时，投资者大笔购买股票基金。1990 年，在股票价格还很便宜时，股票基金的净流入资金只有 180 亿美元，但是到了股票价值已经被严重高估的 1999 年和 2000 年，这个数字已高达 4 200 亿美元（见图 7.2）。

更严重的是，投资者对"新经济"基金、科技基金和业绩成长型基金趋之若鹜，而对相对较为保守的价值型基金冷眼相待。1990 年，只有 20% 的资金投资于激进的成长型基金，但到 1999 年和 2000 年年初，基金收益达到峰值时，却有高达 95% 的资金涌入这类基金。2002年泡沫破裂后，投资者买入成长型基金的数额回落到360亿美元。此时市场即将触底，投资者却仍然把资金抽出成长型基金，转而投资于价值型基金，不过已经来不及了。

年份	1990	1994	1997	1999	2000	2002	2005
纳斯达克价位（单位／美元）	374	752	1 570	4 069	2 471	1 336	2 205
积极增长型股票基金所占比重（单位／%）	20	20	18	92	96	负值	2

■ 积极增长型股票基金　■ 其他股票基金　— 纳斯达克指数

图7.2　错误选择投资时机和基金的惩罚：美国股票基金的净流入资金

在2008—2009年金融危机及稍后的恢复期，基金投资者的收益相当平庸。长久以来，基金投资者依据过往的业绩来选择基金，放任情绪甚至是贪婪凌驾理性。许多投资者对金融危机期间市场剧烈下跌反应过激，以至于在股票市场最低点出场。这些人大多错失了随后的上涨行情。

基金公司挖空心思，推出迎合潮流的新基金

基金行业一直在操纵投资者的情绪。它们一再推出迎合潮流但收费高昂的新基金，然后竭力宣传这些新基金。 公平地说，如果两种永远只能起反作用的因素——投资者的情绪和基金业的营销——结合在一起，最终只会带来灾难。

在短期内，基金业不可能放弃推出新产品或是强力营销，至于投资者，他们恐怕还需要一些时间才会觉悟。可是，理性的投资者，不仅应注意到第4章提到的低成本原则，还需要牢记本章提到的观点，排除情绪的影响。换句话说，投资者不应该追逐行情。

指数基金的美妙之处不仅体现在它的低费用，更重要的在于，它绝不像无数一诺千金但却毫无回报的基金，它的魅力永不减退。和那些热门基金不同的是，无论市场阴晴涨跌，指数基金在整个投资期内都将岿然不动，情感永远也不会进入你的收益计算公式。在投资中，赢家的公式就是通过指数基金而拥有整个股市，然后把自己变成完全的旁观者，什么也不做。无论发生什么，一定要坚持你正在做的事情。

杰出投资者的 顶层认知

费用和情绪是投资者最大的敌人

沃伦·巴菲特认同我的观点。请看巴菲特的"4E"原则:"费用(expense)和情绪(emotion)是股票投资者(equity investor)最大的敌人(enemy)。"另外,麻省理工学院教授、《适应性市场》(*Adaptive Markets*)一书的作者罗闻全也是通过购买并持有指数基金进行投资。

但最令人惊讶的是,查尔斯·施瓦布(Charles Schwab)身为嘉信理财——世界级的经济商——的创始人,虽然大力推销股票交易,但对指数基金也情有独钟。

谈到人们为什么会投资于主动型基金时,他回答:"在市场上玩耍也是一种快乐……选择正确的坐骑是人的本性……(但是)和普通人相比,我更像是一个指数投资者……我们可以对未来进行非常准确的预测……无论是 10 年、15 年还是 20 年后,你的投资业绩都将处在前 15% 的行列。既然如此,为什么不振作精神尝试一下呢?"(施瓦布先生个人投资组合中大部分是指数基金。)

第 8 章

税　金

经常被投资者忽略的重要成本

1991—2016 年，同样初始 1 万美元，主动型基金税后收益 39 700 美元，指数型基金税后收益 68 300 美元，两者为何税费差距如此巨大？

《群体的疯狂》作者
威廉·伯恩斯坦

持有主动型共同基金并不是一个好主意。而如果是以应税账户投资此类基金,那么情况就更糟糕了……(税金带来的)业绩下跌每年可能会高达4%……很多指数基金能让投资者实现资本利得,直到他们卖出基金……对于应纳税投资者,投资指数化产品意味着永远也不必说难过。

投资成本、通货膨胀、不理智的投资行为，以及基金业对"新基金"的强力营销等因素，让投资者获取的收益大打折扣。而在这样的投资环境下，指数基金为投资者提供了保护，可以避开上述绝大部分成本。

短线投机会大大增加税费

还有一种经常被忽略的成本，让投资者实际获取的收益遭到进一步削减。在这里，我指的就是税金——包括联邦政府、州政府和地方政府征收的所得税①。在这方面，指数基金同样具有巨大优势。事实上，大多数主动型基金不具有节税效应。为什么？因为它们的经理人关注短期表现，疯狂进行短线交易。

① 对于个人投资者持有的股票共同基金，约一半的投资账户需要全额纳税，另一半则属于递延纳税，例如个人退休账户（IRAs）、公司储蓄账户、节俭与利润分享计划。如果你持有的基金属于后一类，你就不必关心本章的内容了。

目前，主动型基金投资组合的年均换手率达到78%，包括买入和卖出。而只计算买入或卖出其中较少的一方的"传统"换手率只有39%。从整个行业来看，主动型基金持有股票的平均时间只有19个月。如果按股票基金总资产衡量的话，则为31个月。难以想象的是，在1945—1965年，年均换手率只有16%，也就是说，一只基金组合中股票的平均持有期为6年。换手率的剧增以及随之而来的交易成本，极大地损害了基金投资者的利益，而基金转嫁给投资者的大量税金，让情况变得更糟糕。

只要下列两种情况不变，主动型基金带来的税收负担就会持续：

- ◎ 股价上涨；
- ◎ 基金经理积极从事短线交易。

我们不妨再详细探讨一下这个问题：以往强调长线投资的大多数基金经理，开始转向短线投机。但指数基金遵循着相反的策略——买入并"永久"持有。指数基金投资组合的年换手率已降至3%左右，其伴随的交易成本微不足道。

指数基金具有高度的节税效应

那么，我们不妨探讨一下前几章留下的问题。如前所述，在过去25年内，股票基金年均净收益率为7.8%，标准普尔500指数基金年均净收益率为9.0%。考虑到主动型基金的高换手率，这些基金的应纳税投资者承担的年有效联邦税率预计为1.2%，相当于15%的税前收益（如果考虑州政府和地方政府征收的税，这个数字还会进一步增加）。这使得税后净收益率减少到6.6%。

指数基金的收益率高，但它承担的税率很低，主要是来自股利收益的相关税金。因为指数基金的极低成本仅消耗了少量的股利收益，远少于主动型基金，因此股利收益率更高，股利税也更高。

2017年年中，低成本的标准普尔500指数基金的股利收益率为2%，约为一般主动型基金的2倍。指数基金投资者承担的联邦税金，每年为0.45%，只有主动型基金投资者承担的1/3左右。

由于主动型基金经常分配大量的短期资本利得给投资者，但这些收益适用于较高的一般所得税率，而非较低的长期资本利得税率，因此主动型基金投资者承担的税负远高于指数基金投资者。

结果是，一般主动型股票基金获得的年化税后收益率为6.6%，而指数基金投资者获得的年化税后收益率为8.6%。假设在1991年投资10 000美元，如果投资主动型基金，到了2016年，可以获得税后收益39 700美元；而投资指数基金，可以获得税后收益68 300美元。换句话说，主动型基金让投资者损失了28 600美元。

通货膨胀是击垮主动基金的最后一根稻草

所有这些负面因素，我很难说哪个才是压倒股票基金的最后一根稻草，不过最后的稻草肯定包括：

- 高昂的成本（详见第 4 ~ 6 章）；
- 基金选择不当和入市时间错误（详见第 7 章）；
- 税金（详见第 8 章）。

无论如何，骆驼垮了。或许，通货膨胀就是最后一根稻草。

一方面，我们年复一年以现值美元支付基金成本——当然，这也是我们支付基金费用和基金资本利得（通常是短期资本利得）所得税的方式；另一方面，我们积累起的财富只能以真实美元计算。因此，在无法避免的通货膨胀的侵蚀下，结果必然不太好。

然而，在基金经理向投资者提供的信息中，却对这种破坏性结果几乎只字不提。

最后，解释本章出现的矛盾：尽管指数基金在管理资本利得方面具有高度的节税效应，但在分配股利收益时却相对无效，原因何在？这是因为指数基金成本偏低，股利几乎都直接流入基金投资者的口袋了。

杰出投资者的 **顶层认知**

指数基金可以避免缴纳资本利得税

约翰·肖文（John Shoven）是斯坦福大学（Stanford University）人文社会科学院的院长，也服务于美国国家经济研究局（National Bureau of Economic Research），而约耳·迪克森（Joel Dickson）曾在联邦储备委员会（Federal Reserve System）任职（他目前是先锋集团的合伙人）。

他们曾经在一篇论文中指出："共同基金一直都未能对已实现的资本利得采取有效的管理，以至于无法对投资者的应纳税款进行有效递延……假如先锋500指数基金能够对所有资本利得进行递延处理，它的最终收益率可以超过92%的主动型基金。"

我们还可以再听听著名的投资顾问威廉·伯恩斯坦的说法，他是《投资的四大支柱》（*The Four Pillars of Investing*）一书的作者："在一般情况下，持有主动型共同基金并不是一个好主意。而如果是以应税账户投资此类基金，那么情况就更糟糕了……（税金带来的）业绩下跌每年可能会高达4%……很多指数基金能让投资者实现资本利得，直到他们卖出基金……对于应纳税投资者，投资指数化产品意味着永远也不必说难过。"

伯顿·马尔基尔，《漫步华尔街》一书的作者，也认同指数基金的理念："指数基金……在税收上很易于接受，它可以递延资本利得的实现。如果将指数基金作为遗产留给继承人，甚至可以完全避免缴纳资本利得税；在股价保持上涨的长期趋势下，股票间的转换，意味着要缴纳资本利得税。税金是一种极为重要的财务因素，因为资本利得的过早兑现将会大幅减少净收益。由于指数基金并不涉及转换股票，因此可以比较容易地避免资本利得税。"

THE LITTLE BOOK
OF COMMON SENSE
INVESTING

第 9 章

经济增长瓶颈

树不可能长到天上

1974年美股市盈率平均7.5倍，2017年美股市盈率高达23.7倍，为什么说指望市盈率继续升高，繁荣持续的想法不切实际？如果低收益率环境成真，投资者如何抉择？

博格论指数基金 THE LITTLE BOOK OF COMMON SENSE INVESTING

瑞银投资管理公司前总裁
加里·布林森(Gary Brinson)

就市场整体而言,所有价值增值之和必然等于0。一个人的收益,就是另一个人的亏损。如果通盘考虑机构投资者、共同基金和私人银行领域,在扣除交易成本后,他们的总收益将变为0或是负数。

你应该还记得本书第 2 章里介绍的原理：长期来看，股票市场收益取决于商业活动，也就是企业的股利收益和利润增长。然而，矛盾的是，如果只考虑 1974 年 9 月 24 日先锋基金创立以来的 43 年，股市贡献的收益超过了企业赚取的报酬，而且两者之间的差异是美国商业历史之最。

市盈率若处于历史高位，超额收益存疑

特别是，在这 43 年里，标准普尔 500 指数成分股的股利收益和利润合计的年均收益率只有 8.8%（其中股利收益率 3.3%、利润增长率 5.5%），但股票市场提供的年均收益率达到 11.7%（见图 9.1）。

市场收益中，有 2.9 个百分点属于投机收益，约占总收益的 25%。这项收益率反映投资者上调了对股市的估值，市盈率翻了不只 3 倍，从 7.5 倍增长到 23.7 倍（1900—2016 年，投机性收益只占

总收益的 0.5%，大约只有 1974 年后的 1/5）。

以复利方法计算这些收益会产生一个巨大差额（见图 9.1）。在 43 年的时间里，10 000 美元初始投资将会增长到近 1 090 000 美元，其中约有 270 000 美元是投机收益，余下的 820 000 美元则来自股利收益和利润增长。

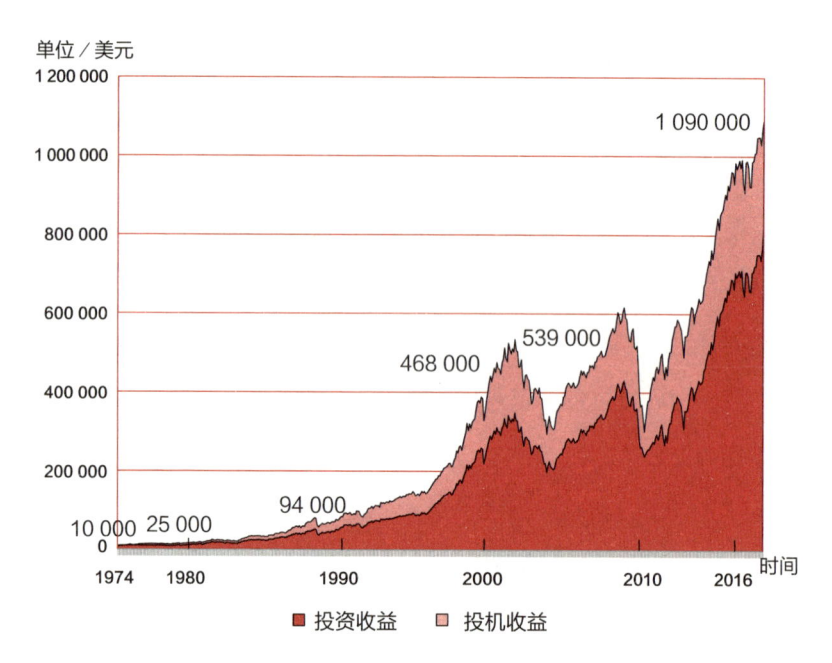

图 9.1 累计投资收益和投机收益，1974—2016 年

是的，1974 年那令人印象深刻的 7.5 倍市盈率，来自股市暴跌 50% 以后的底部。当时市场极度悲观，投资者深陷忧虑。到了 2017 年年初，市盈率高达 23.7 倍。这究竟是过度乐观，还是新的经济现实，仍有待观察。

总体来说，过去 40 多年，股票投资者获取了超额收益，其中投机收益占市场总收益的 25%。然而，指望市盈率继续升高、繁荣持续的想法，恐怕不切实际。常识和数学告诉我们，股市收益将再度下滑（与 1900 年以来的 9.5% 的名义年均收益率对比，见图 9.2）。

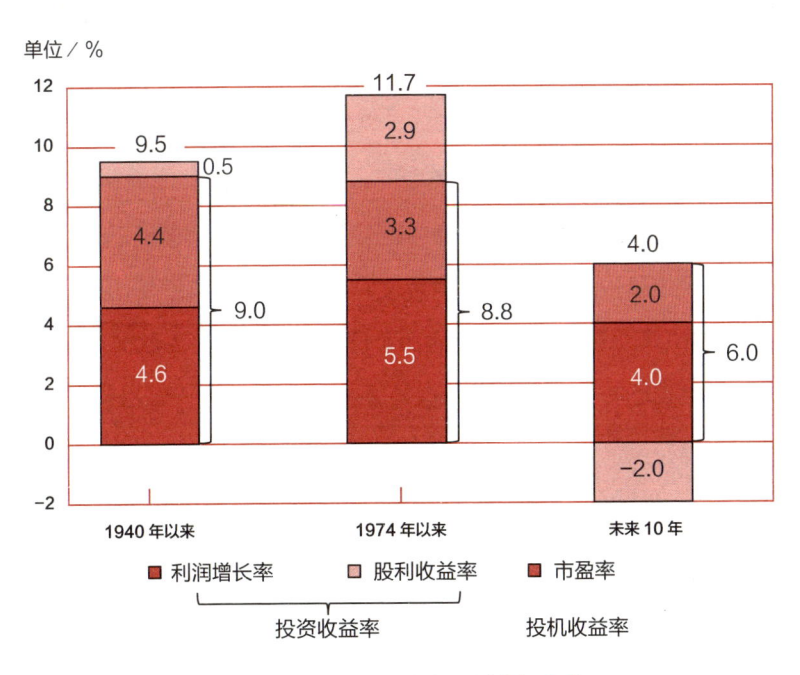

单位 / %

指标	1940 年以来	1974 年以来	未来 10 年
总收益率	9.5	11.7	4.0
股利收益率	0.5	2.9	2.0
利润增长率	4.4	3.3	—
投资收益率	9.0	8.8	6.0
市盈率	4.6	5.5	4.0
投机收益率	—	—	-2.0

图 9.2 股市总收益率：过去与未来

我在本书首次出版时，曾经用这个标题概述本章：当好景不再。当时，我估算 2006—2016 年这 10 年的股市年均收益率为 7%，而标准普尔 500 指数的真实收益率与此几乎相同：6.9%（请不要着急鼓掌，因为我低估投机收益的程度，大约等于我高估投资收益的程度）。

我们为什么要保持小心谨慎？因为股市收益的来源告诉我们要

小心谨慎。在第 2 章，我描述了股市收益的三种来源：初始股利收益、利润增长收益（合并起来即为投资收益）和市盈率（投机收益）。

GDP 增长率放缓，股市收益率也会走低

让我们看一下目前的收益来源。首先，目前的股利收益率已经不再是历史上的 4.4%，而是 2%。以此来看，我们必须接受未来投资收益每年减少 2.4 个百分点的事实。

至于公司利润，我们可以假设它们会持续（正常情况下）增长，增长率大约相当于 GDP 的名义增长率，而未来 10 年的年均 GDP 名义增长率是 4% ~ 5%，低于 6% 的长期 GDP 名义增长率。

如果预期被证明合理，那么预期的股市投资收益为 6% ~ 7%。我将会保持谨慎估计，因此，未来的年化投资收益率约为 6%。

现在来看投机收益。2017 年年初，股票市盈率是 23.7 倍。这个数据根据标准普尔 500 指数最近一年公布的利润计算。如果预估市盈率在未来 10 年里保持不变，投资收益可能会维持在 6%。

华尔街战略家预估市盈率时，倾向于采用未来一年的预估利润，而不是公布的过去一年的利润。经营利润的计算，不包含非连续性商业行为的核销、坏账之类的项目。这些利润可能实现，也可能不会实现。如果采用预估利润，华尔街估计市盈率只有 17 倍。不过，我不准备采用这项数据。

我推测，10 年后，市盈率可能会下降到 20 倍或更低。虽然是有依据的猜测，但仍然是猜测。这轮估值回归每年会降低市场收益

约 2 个百分点，致使美国股市仅能维持 4% 的年收益率。

你不需要完全认同我的看法。如果你认为当前 23.7 倍的市盈率在未来 10 年里不会发生变化，投机收益将是 0，投资收益将等于市场总收益；如果你预期股票市值上涨 30 倍（我不认同），投机收益为 1.5%，股市年收益率达到 7.5%；如果你认为市盈率将会下降到 12 倍，投机收益为 -7%，股市年收益率会下降到 -1%。

我的意思是，如果不同意我预测的 4%，你可以自行评估未来 10 年的股利收益率、利润增长率和市盈率。这三项数据代表了你对未来 10 年股票收益的预期。

未来债券收益同样可能低于平均

预估债券的未来收益比预估股票简单许多。为什么？因为股票收益有三个来源，而债券只有单一收益来源：债券发行时的利率。

如果一个人长期持有债券，那么债券的当前利率可以表示预期收益。从历史数据来看，初始利率是评估债券未来收益的可靠指标。事实上，1900 年以来，有 95% 的债券的 10 年期收益可以参考初始利率（见图 9.3）。

为什么会这样？因为 10 年期债券发行人承诺 10 年后以现金偿还 100% 的初始本金。对于投资级债券，这个承诺通常得以实现。所以，近乎所有收益都来自利息。是的，在这期间债券的市场价值也会随利率调整而波动，但如果将债券持有到期，那些波动就不再起作用了。

图 9.3 描述了美国 10 年期国债的初始利率及其后续 10 年的收益。注意利率（及后续收益）的一个长周期循环，从 1940 年 0.6% 的低点，到 1980 年 14% 的高点，然后一路下滑到 2012 年的 1.8%，再反弹到 2017 年年中的 2.2%。

图 9.3　初始债券利率和后续收益

国债的偿付风险最小。债券的偿付风险指债券到期后未被偿付。所以，当前 2.2% 的利息率明显低估了广义债券市场的未来收益，因为公司债券有较高的偿付风险。我们假定债券投资组合由一半美国 10 年期国债以及一半投资级的长期公司债券组成，后者当前利率为

第 9 章 | 经济增长瓶颈

3.9%，基于合理预期，未来 10 年债券的年收益率是 3.1%。

未来 10 年债券收益很可能像股市收益一样，下降到历史正常水平以下（见图 9.4）。1900 年以来债券年均收益率为 5.3%，而 1974 年以来债券收益率大幅提高，年均达到 8.0%。这种收益率主要受到 1982 年以来大牛市的影响，利率大跌引发了债券价格上涨。

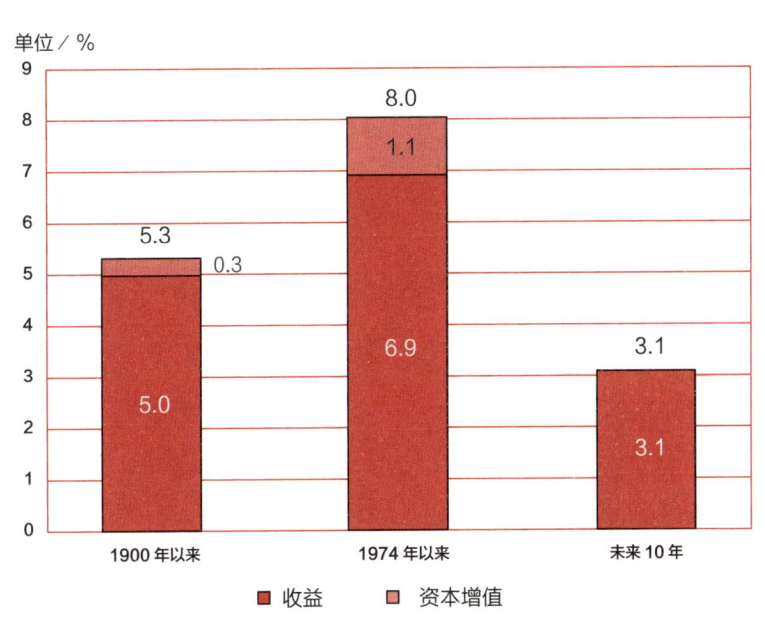

图 9.4 债券总收益：过去与未来

低收益率环境，平衡型基金年收益可能是 0.1%

在一个由 60% 股票和 40% 债券构成的平衡型投资组合里，可以预期在未来 10 年里，其扣除成本前的名义年收益率是 3.6%。

当然，这样的预期可能太高或太低，但它有助于给你的财务规划提供合理的参考。

无论如何，预期的 3.6% 年收益率，都大幅低于这类平衡型组合 7.8% 的长期平均收益率，以及 1974 年以来引人注目的 10.2% 的收益率（见图 9.5）。

当我们把名义收益率转换成真实收益率（去除通货膨胀后），我们将看到一个数值更小但差异显著的数据：有历史数据记录以来是 4.8%；自 1974 年以来是 6.3%；未来 10 年里可能是 1.6%（见图 9.5 下方）。

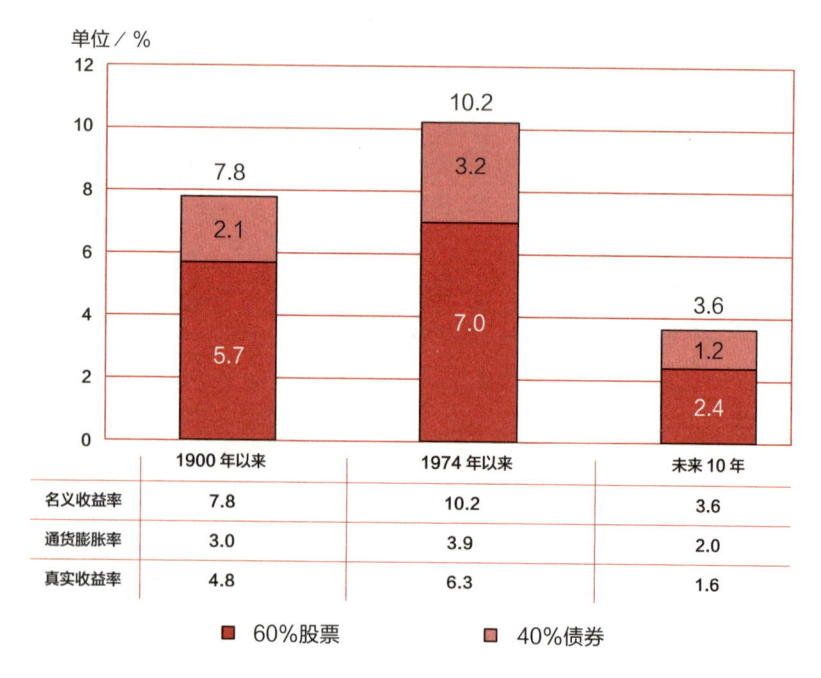

	1900 年以来	1974 年以来	未来 10 年
名义收益率	7.8	10.2	3.6
通货膨胀率	3.0	3.9	2.0
真实收益率	4.8	6.3	1.6

■ 60%股票　　■ 40%债券

图 9.5　由 60%股票和 40%债券构建的投资组合收益：过去与未来

2017年中期,一只平衡型组合在未来将获得3.6%的收益率,我们假定这是合理预期(不是推测值!)。但是请记住,总体而言,投资者作为一个集体,不可能获取市场全部收益。为什么会这样?因为通过主动型基金投资股市和债券,至少伴随1.5%的年均成本。

在这样的一个环境里,想要计算这个主动型平衡共同基金的潜在收益,只需要简单回忆一下基金成本的算式:名义市场收益率3.6%,减去投资成本1.5%,减去假定的通货膨胀率2%(略高于金融市场目前估计的未来10年的通货膨胀水平),结果等于0.1%。

这看起来有些荒谬,给典型的平衡型基金预计一个近于0的收益率,但是如果你回忆一下第7章的内容,普通平衡型基金投资者将会赚得更少。相关数据都列在那里。

通过对比,在低收益率的环境里,一只低成本平衡型指数基金的年均成本仅有0.1%,却能够贡献1.5%的年收益率,明显高于一只主动型基金。这个数值不够好,但它至少是正数,已经好很多了。

高成本主动型基金将是糟糕之选

事实上,较低的收益率放大了共同基金过多的成本。为什么?股票基金2%的成本率加上2%的通胀率,可能"仅"消耗了股市名义收益率15%的1/4,或"仅"消耗了10%收益率的2/5。但根据合理预估,如果股票名义收益率是4%,则可能会被成本和通货膨胀全部消耗。

除非基金业大幅降低其管理费、运营费、销售佣金和组合换手率（和其他随之而来的成本），否则，高成本主动型基金将会成为投资者非常糟糕的选择。

投资者不会接受实际收益率为 0 的主动型基金。股票基金如何避免陷入这种境地呢？未来收益可能低于过去的常态水准，如果继续保持较高的投资成本，将会带来糟糕的结果，投资者要如何避免这种情况发生呢？

以下有 5 种看似可行的方案：

◎ 选择一只低成本指数基金，持有股票市场投资组合；

◎ 选择极低成本、投资组合换手率最小、不收手续费的基金；

◎ 选择历史业绩最佳的基金；

◎ 选择近期业绩最佳的基金；

◎ 咨询专业顾问，由他们帮助你来挑选可能会战胜市场的基金。

你会选择哪个选项呢？请注意：前 2 种方案的胜算最高，因为无论市场的收益如何，前 2 种方案几乎都可以确保投资者获利，而后 3 种方案的胜算很低。在接下来的 3 章中，我将分别讨论这 3 种方案各自的局限。

杰出投资者的 顶层认知

主动型基金费用
应该和被动型一致

凡是深入研究过金融市场的经济学家、研究员和股市战略家，几乎都和我想法一致，认为1974年以来的股市繁荣景象恐怕会好景不再。

让我们看看规模最大也最成功的投资管理人之一AQR资本管理公司（AQR Capital Management）的推测："可预期的投资收益率降低。我们预期股票的真实收益率为4%，债券的真实收益率为0.5%，由60%股票和40%债券构建的投资组合的真实收益率为2.6%（扣除成本前）。"

在GMO公司长期领导者、主要捐赠基金顾问杰里米·格兰瑟姆（Jeremy Grantham）看来，AQR的预测显得极度乐观。在未来7年里，GMO预期股票市场年收益率为-2.7%，债券年收益率为-2.2%，由60%股票和40%债券构建的平衡型组合的真实收益率为-2.5%。

瑞银投资管理公司前总裁、著名注册金融分析师加里·布林森和我看法类似：

"就市场整体而言，所有价值增值之和必然等于0。一个人的收益，就是另一个人的亏损。如果通盘考虑机构投资者、共同基金和私人银行领域，在扣除交易成本后，他们的总收益将变为 0 或是负数。

"因此，主动型基金管理者收取的费用应该与被动型基金管理者相同。可实际上，前者的收费是后者的几倍。这种不符合逻辑的现状，必须得到改变。"

让我们再听听《金融分析家杂志》（Financial Analysts Journal）编辑理查德·恩尼斯（Richard Ennis）的说法："目前，在市场利率接近 4%（现在更低，接近 3%，作者写作本书时），而股票收益率还不到 2% 的情况下，很少有人会预测两位数的投资收益率。遗憾的是，这个时代的固有传统还将影响我们。上万亿在股市涨落中寻求增长的资金，造就了高昂的费用结构。

"面对市场效率和高成本的双重挑战，投资者将继续把资产从主动型管理转变为被动型管理……这种转变的根源在于，人们已经越来越深刻地认识到，高成本正在侵蚀优秀管理者的业绩潜能。"

THE LITTLE BOOK
OF COMMON SENSE
INVESTING

第 10 章

选出长期赢家

如同草堆寻针

选中业绩最好的基金就像彩票中大奖，经验丰富的老手都很难做到，普通投资者又怎么能做到？为什么说与其草堆里寻针，不如买下整个草堆？

博格论指数基金 THE LITTLE BOOK OF
　　　　　　　　COMMON SENSE INVESTING

巴菲特

我对托管人的建议再简单不过，把 10% 的现金用来买短期政府债券，把 90% 的现金用于购买非常低成本的指数基金。我相信，遵循这些方针的信托，能比大多数聘用昂贵投资经理获得更优的长期回报，无论是养老基金、机构还是个人。

看到共同基金过去令人失望的业绩，大多数投资者会想："的确如此，但是我会从中选出出色的基金！"听起来很容易，但事实上，提前选择能赚钱的基金远比我们想象的困难。当然，在投资市场上确实有长期赢家，但这类赢家并不多见。当然，只要认真看看以往的投资业绩，就很容易找到它们。

46年里，80%的基金不复存在

最为市场称颂的共同基金，必然是那些曾经以辉煌业绩为市场增光添彩的共同基金。而那些曾经业绩超群——即便保持了相当一段时间——而后一落千丈的基金，只能是过眼烟云。当它们不再辉煌的时候，往往会以破产而告终，被扔进共同基金历史的垃圾桶。

尽管识别以前的赢家并不难，但鲜有证据证明它们的业绩能延续到未来。我们首先看看基金的历史业绩。图10.1总结了创建于 1970 年的 355 只股票基金此后 46 年的业绩发展情况。首先，一个惊人的事实摆在你面前：已经有 281 只基金不复存在，占比接近 80%。如果你投资的基金都不能长久，长期投资又从何谈起呢？

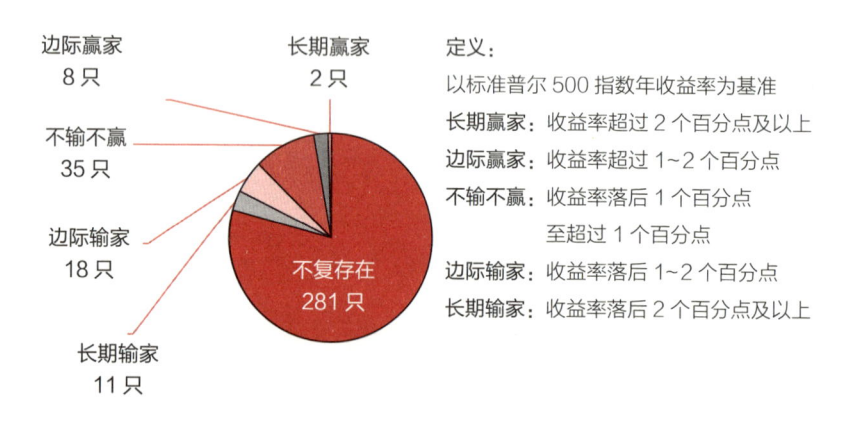

边际赢家 8 只
长期赢家 2 只
不输不赢 35 只
边际输家 18 只
不复存在 281 只
长期输家 11 只

定义：
以标准普尔 500 指数年收益率为基准
长期赢家：收益率超过 2 个百分点及以上
边际赢家：收益率超过 1~2 个百分点
不输不赢：收益率落后 1 个百分点
　　　　　至超过 1 个百分点
边际输家：收益率落后 1~2 个百分点
长期输家：收益率落后 2 个百分点及以上

图 10.1　赢家与输家：共同基金的长期收益，1970—2016 年

只有两只基金收益超标普 500 指数 2%

你尽可以放心大胆地假设幸存的基金不一定业绩最好，但消亡的基金业绩肯定最差。某些情况下，这些基金经理会走人（主动型股票基金经理的平均任期不到 9 年）。大型金融集团可能会收购他们所管理的公司，并由这些新所有权人"对原有产品进行清盘"（事实上，这些大型集团主要想帮助自己的资本，而不是基金投资者的资本创造收益）。投资者自然会抛弃这些业绩不佳的基金。尽管基金破产的方式很多，但很少会有一种利于投资者。

即使是那些长期业绩极为稳健的基金，也是有可能走向衰亡的。

当基金管理公司被行销公司收购时，后者往往野心勃勃。在它们看来，不管这些基金以前多么出色，它们现在都无法吸引新的投资者。当基金连续几年遭遇业绩下滑后，出现这样的想法也无可厚非。

遗憾的是，十多年前，这样的态度让整个基金业最长寿的参与者之一——道富投资信托基金（State Street Investment Trust，1925—2005年）也倒下了，被收购它的集团强迫结束营业。要知道，过去80年的风风雨雨都没能让它倒下，其持续多年的不凡业绩依然让人印象深刻。道富的离去，对我来说如同某个家族成员的死亡。

总之，存在于1970年的股票基金中，已经有281只离开了，其中绝大多数业绩不佳。而幸存下来的29只基金，其年收益率也远远落后于标准普尔500指数，差距要超过1个百分点。

换句话说，前述两者合计，有310只基金，因种种原因，业绩不佳。另外35只基金的收益，与标准普尔500指数相差无几，差距在1个百分点以内。

所以，只有10只共同基金——相当于每35只基金中仅有1只基金——年收益率超过市场基准收益率1个百分点。这就是现实：成功率实在太低了！而这10只基金中，有8家超过标准普尔500指数的幅度还不足2%，其优秀表现很可能是运气，而不是能力。

彼得·林奇成名基金现在也持续落后大盘

不过，市场还是为我们留下了2只业绩稳健的长期赢家。它们1970年以来，每年收益率超越市场大盘2个百分点以上。请允许我郑重介绍它们：富达的麦哲伦基金（超过 2.6 个百分点）和富达的反向基金（超过 2.1 个百分点）。

在近半个世纪里，每年收益率超过市场收益 2 个百分点，这是一项了不起的成就。但这里出现了一个奇妙的事实。我们先来检查这两只基金的记录，再看一看能够学到什么。

图 10.2 表示麦哲伦基金的净资产（阴影），以及基金相对于标准普尔 500 指数的收益（折线）。折线上升，代表基金表现优于指数表现；折线下降，代表指数表现优于基金表现。

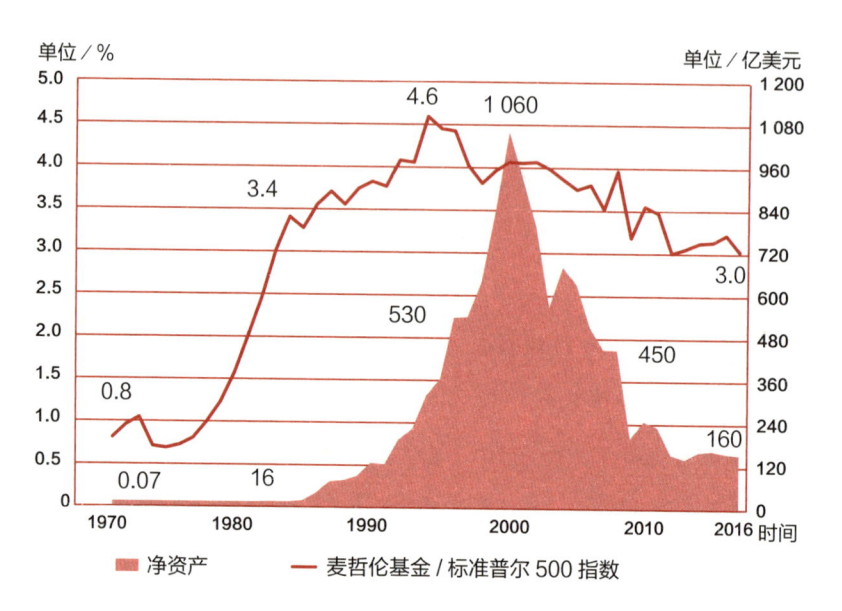

图 10.2　麦哲伦基金与标准普尔 500 指数长期收益，1970—2016 年

明星基金经理彼得·林奇在麦哲伦基金的全盛时期（1977—1990 年）运营这只基金。他退休以后，5 位不同的经理运营过这只

基金①。关于基金表现，除了基金经理的才华，麦哲伦基金管理的资产规模也应考虑在内。

麦哲伦基金表现最好的时期是初创期，当时基金管理的资产刚达到 700 万美元。基金表现胜过标准普尔 500 指数的幅度，每年高达 10 个百分点（麦哲伦基金的年化收益率是 18.9%，而标准普尔 500 指数的年化收益率是 8.9%）。1983 年，这只基金的资产超过 10 亿美元，其业绩依然超过市场，但两者相差幅度已有所缩小，每年有 3.5 个百分点（麦哲伦基金的年化收益率是 18.4%，标准普尔 500 指数的年化收益率是 14.9%）。这种情况持续到 1993 年，此时基金管理的资产达 300 亿美元。

此后，基金规模仍在增长，1999 年年底达到峰值 1 060 亿美元，但其杰出业绩没能持续。1994—1999 年，麦哲伦基金年收益率落后标准普尔 500 指数 2.5 个百分点（麦哲伦基金是 21.1%，标准普尔 500 指数是 23.6%）。

进入 21 世纪，麦哲伦基金的业绩落后仍在持续，年化收益率落后标准普尔 500 指数 1.8 个百分点（麦哲伦基金是 2.7%，标准普尔 500 指数是 4.5%）。此时它管理的资产规模已显著下降，自 1999 年的 1 060 亿美元，一路下跌到 2016 年年底的 160 亿美元，跌幅达 85%。所以，当麦哲伦基金表现优异时，资金就会大量流入；当它表现不佳时，资金就会大量流出。这就是投资者行为的典型案例。

---

① 2004 年 5 月 28 日，《华尔街日报》报道：麦哲伦基金时任经理鲍勃·斯坦斯基表示，他希望能够每年持续战胜市场 2～5 个百分点，"我想要胜利"。在斯坦斯基的 10 年任期里，麦哲伦基金收益率每年落后标准普尔 500 指数 1.2 个百分点。他在 2005 年被人替换。这是一项残酷的事业。

资产规模越大,主动型基金表现越差

迄今为止,反向基金和麦哲伦基金在前 30 年里,没有什么不同——先收获巨大成功,随后回归均值。1990 年,威尔·丹诺夫(Will Danoff)开始担任反向基金的首席基金经理,他在反向基金上创造的闪亮业绩无可挑剔。

在丹诺夫执掌前,这只基金年收益率超过标准普尔 500 指数 1 个百分点(反向基金是 12.6%,标准普尔 500 指数是 11.6%)。丹诺夫任职期间,这个领先幅度扩大至近 3 倍(反向基金是 12.2%,标准普尔 500 指数是 9.4%)。然而,它的收益率最终仍趋于平均数。在过去 5 年里,反向基金年收益率已落后标准普尔 500 指数 1.2 个百分点(反向基金是 13.5%,标准普尔 500 指数是 14.7%)。

成功总是与挑战并存。1990 年,在丹诺夫接手这只基金时,反向基金资产总计仅有 3 亿美元。到 2013 年,其资产已超过 1 000 亿美元。在此后 3 年,反向基金的优异表现消失了,其年收益率落后标准普尔 500 指数 1.5 个百分点(反向基金为 12.8%,标准普尔 500 指数为 14.3%)。至于未来如何,只有时间能给出答案。

当投资者注意到麦哲伦基金和反向基金创造的杰出业绩时,资金就会大量涌入,基金资产规模将会急剧扩张。但是,正如沃伦·巴菲特说过的:"**大钱包是超额收益的最大敌人**。"事实证明了这一点。就在这两只极受欢迎的基金扩张时,它们的业绩开始衰退。虽然主动型基金很少能快速达到麦哲伦基金或反向基金那样的规模,但多数基金经理都会面临类似的难题:表现优异,资金流入;表现差劲,资金流出。这源于这个行业对基金收益率的极度敏感。

而且并不是所有富达的基金都像麦哲伦基金和反向基金那样经得起时间考验。富达资本基金就是一个失败的案例。它于 1957 年成立，是灯光下的明星之一。1965—1972 年，它的累计总收益达到 195%，而标准普尔 500 指数是 80%。然而，在接下来的熊市里，它下跌了 49%（标准普尔 500 指数跌去了 37%）。它的资产从 1967 年的 7.27 亿美元，下降到 1978 年的 1.85 亿美元。随后，它被合并入另外一只富达基金。

与其草堆里寻针，不如买下整个草堆

对过去谈论得够多了，让我们一起谈谈未来吧。也许你想要投资麦哲伦基金或反向基金，因为它们过去的业绩实在亮眼，超过标准普尔 500 指数收益 2～3 倍（虽然近些年业绩下滑）。但是在那之前，请思考一下未来 10 年甚至更长时间的发展，思考一只基金持续获得超额收益的概率。考虑基金现有规模，考虑一只基金通常会在 25 年内更换 3 次基金经理，考虑个人投资者终生持有同一只基金的可能性。最后，再考虑一只基金存活 25 年的概率。

即使是对一只在过去 10 年或更长时间里获取了超额收益的基金来说，你也应该保持同样的怀疑。这是一个瞬息万变、竞争激烈的世界，在共同基金领域，没有人知道未来会发生什么，但我还是祝愿这些基金经理和基金持有者总有好运相伴。

无论你作何决定，请不要忽略绝大部分投资者不太了解的因素，就是基金业绩的"均值回归"（均值回归拥有令人震惊的力量，我会在第 11 章里解释更多细节）。

从 355 只共同基金中挑选 1 只业绩长期优秀的基金，概率不足 0.5%。不论如何分析历史资料，对于共同基金投资者来说，找到拥有资深经理和优秀表现的基金，都只是个案，绝非常态，即使将时间限定在短期也是如此。

可以这么说，选择 1 只能长期战胜市场的共同基金，采用塞万提斯（Miguel de Cervantes）的说法，如同"在稻草堆里寻找一根针"。

所以，我想为你提供一条建议：**"与其在草堆里寻针，不如买下整个草堆！"**

所谓"草堆"，就是包含整个股票市场的投资组合。我们可以通过低成本指数基金得到这个草堆。这样 1 只低成本指数基金的收益率基本会达到或超过 355 只基金中的 345 只（长期存活的 74 只基金中的 64 只，外加 281 只不复存在的基金）。我认为，在未来几年里，一只追踪标准普尔 500 指数的指数基金，必定会创造出等同于股票市场表现的业绩——这并不是魔术，而只是相当简明的数学规则。

如果你准备一辈子从事投资工作，通常有两种选择。

第一种，选择 3~4 只主动型基金，希望能够选中 1 只优秀基金，但这些基金平均存活约 10 年，基金经理的任期平均约 9 年。结果可能是，你一辈子拥有过 30~40 只基金，每只基金都有沉重的费用和换手成本。

第二种，投资 1 只费用低、交易成本少、包括众多股票的指数基金，即使没有任何基金经理，仍然可以追踪指数表现。事实上，没有任何一只主动型基金能够提供像指数基金一样稳定的表现。

我们知道，指数基金几乎可以为投资者带来股票市场的全部收益，而主动型基金都面临基金经理被更换的命运；我们也知道，很多基金早晚会被淘汰；我们还知道，成功的基金在吸引越来越多资金的同时，也在损害未来的成功。另外，我们不可能知晓基金的业绩在多大程度上依靠运气，又有多少来自能力。**仅凭以往的长期表现，我们根本不可能找到一只能够战胜市场的基金，更无法以此来保证未来的成功。在基金业绩方面，历史很少成为未来的序幕。**

我们没有任何系统的方法，可以确保选中一只能够战胜市场的基金，即使观察基金过去的长期业绩也是如此。是的，这就像是在草堆里寻针。

杰出投资者的 **顶层认知**

巴菲特认同指数基金
并写进遗嘱

回顾一下沃伦·巴菲特 2013 年致伯克希尔·哈撒韦公司股东的信，他谈到他在遗嘱里指示应如何管理他妻子的信托基金。他没有试图挑选表现优异的主动型基金，而是指示受托人将 90% 的基金投资于"成本极低的标准普尔 500 指数基金"（我建议投资先锋集团的基金）。通常我们都认为，巴菲特属于在草堆里寻针的人，但他最终决定买下整个草堆。

还需要更多的建议吗？保罗·萨缪尔森用这样一个比喻，概括了挑选优秀基金经理有多难。"假设我们可以证明，在每 20 个酒鬼中，有一个可以通过改造成为有自制力的饮酒者。有经验的医生会说：'即便确实如此，在实践中也难以让人信服，因为你永远也无法知道他是 20 个人中的哪一个。'"因此，作为投资者，你不要试图去草堆里寻找细小的针。

乔纳森·克莱门特斯（Jonathan Clements）是《华尔街日报》理财专栏《起步》（*Getting Going*）的专栏作家。

克莱门特斯针对问题"你能挑出赢家吗？"曾经的回答是：

"即便是主动型基金最狂热的推崇者也会同意，大多数指数基金投资者都比他们赚得多，但是由于过度自信，这些家伙不愿放弃主动型基金。这难道不是自欺欺人吗？我想也是。挑选业绩最好的基金，就像是在预测掷骰子的结果一样。构建一只有效的多元化投资组合，你可能将70%的资金投资于包含整体股票市场的指数基金，剩余30%的资金投资于国际型指数基金。"

如果这些观点仍然不能让你信服，无法让你不去根据过去的业绩表现评估共同基金，那么请相信基金公司告诉你的。基金行业的每只基金都会认同我的结论：基金过去的业绩，无助于预测其未来业绩。请注意，每只基金的公开说明、营销资料或是广告中，都会特别注明（虽然字体太小，以至于常常不被人们注意）："过去的业绩不能保证未来的结果。"它们的话，请一定要相信！

博 格 论 指 数 基 金

THE LITTLE BOOK OF COMMON SENSE INVESTING

THE LITTLE BOOK
OF COMMON SENSE
INVESTING

第 11 章

均值回归

收益总会向平均值靠拢

我们往往倾向于相信，过去业绩出众的基金，在未来依然表现优异，但历史数据证明并非如此，均值回归的力量为何如此强大？对普通投资者有哪些启示？

博格论指数基金 THE LITTLE BOOK OF COMMON SENSE INVESTING

橡树资本创始人
霍华德·马克斯（Howard Marks）

我认为，牢记万物皆有周期是至关重要的。周期永远胜在最后。任何东西都不可能朝同一个方向永远发展下去。树不可能长到天上去。很少有东西会归零。坚持以今天的事件推测未来是对投资者的投资活动最大的危害。

在选择共同基金的时候，大多数投资者似乎都愿意凭借令人振奋的短期业绩，而不是长期的持续性收益（虽然这类资料也有缺陷）。2016年，超150%的投资者净现金流投向了被晨星评为4星或5星的基金。

这些星级的评定基础是此前3年、5年和10年期基金收益记录的综合（对于新近设立的基金，评定期限最短可以为3年）。近2年的业绩在评级中要占35%（针对存续期长达10年或更久的基金），或是65%（针对存续期只有3～5年的基金）的份额。这意味着，基金评级更关注短期业绩表现。

如果按照以短期业绩为准评出的星级挑选基金，成功概率有多高呢？答案是非常低！《华尔街日报》2014年的一项研究表明，2004年被评为5星的基金，只有14%在10年后仍被评为5星，36%的基金评级下降为1星，其余50%的基金评级下降到3星以下。是的，基金业绩具有均值回归的倾向，甚至会回归到平均水平以下。

业绩出众的基金缺乏持续性

与基金收益有关的其他数据也证实了均值回归的力量。表 11.1 统计了所有美国主动型股票基金,在两个连续但不重叠的 5 年区间(2006—2011 年和 2011—2016 年)的表现。

表 11.1 均值回归:
第一个 5 年(2006—2011 年)与第二个 5 年(2011—2016 年)

级别	2006—2011 年评级		2011—2016 年评级					
	数量(只)	占比(%)	第一档(%)	第二档(%)	第三档(%)	第四档(%)	第五档(%)	被兼并/清算(%)
第一档	353	20	13	13	13	25	27	10
第二档	352	20	18	15	14	21	18	12
第三档	353	20	17	17	18	14	16	18
第四档	352	20	15	18	20	16	8	22
第五档	352	20	17	18	16	10	12	26
合计	1 762	100	平均值					
			16	16	16	17	16	18

注:被兼并或清算的基金合计 313 只。

我们将每个阶段的收益划分为五档,第一档为业绩最好的基金,第五档为业绩最差的基金。我们再观察初始基金的分类在第二个 5

年发生了怎样的变化。如果过往业绩出众的基金在未来表现依然优异，那我们应该会看到基金业绩的持续性。

换句话说，第一个 5 年表现优异的基金，在第二个 5 年表现应该也不错。反之亦然。然而，表 11.1 显示的情况并非如此，均值回归具有持续性。

第一个 5 年处于第一档的基金，在第二个 5 年仅有 13% 仍停留在第一档，有 27% 的基金降到第五档，另有 25% 的基金落入第四档，还有 10% 的基金被兼并或清算。

这次我们从下方看起。第一个 5 年处在第五档的基金，有 17% 在第二个 5 年升入第一档，比例高于仍停留在这一档的基金（12%），另有 26% 的基金被淘汰。

你并不需要成为统计专家，就能看出五档基金收益的随机分布特征，多数在 16% 左右，少于第一个 5 年开始的 20%。这是因为第一个 5 年的基金，有 18% 在第二个 5 年停止运营了。

历史数据表明：大多基金收益是随机的

看完表 11.1 的数据，你是否会怀疑这只是个案，而不太可能重复发生？我也有同样的疑问。所以，我观察了两个更早的连续但不重叠的 5 年：2001—2006 年和 2006—2011 年（见表 11.2）。在 2001—2006 年处于第一档的基金，仅有 15% 在第二个 5 年仍处在第一档，有 20% 降到第五档，还有 13%（45 只）没有存活下来。

在 2001—2006 年处在第五档的基金，有 18% 在第二个 5 年升到第一档,仅有6%仍处在第五档,还有43%(152只)没有存活下来。

只要浏览这两张表格,你就会看到,均值回归一直重复发生。正如表11.1所示,第二个5年的结果基本是随机的。在所有5个档次里,绝大多数基金赚取了后续收益,这些后续收益很大程度上相对平均地分布在每一档上(13%~18%)。

表11.2 均值回归:
第一个5年(2001—2006年)和随后5年(2006—2011年)对比

2001—2006年评级			2006—2011年评级					
级别	数量(只)	占比(%)	第一档(%)	第二档(%)	第三档(%)	第四档(%)	第五档(%)	被兼并/清算(%)
第一档	356	20	15	19	15	19	20	13
第二档	355	20	13	15	14	15	23	19
第三档	356	20	14	13	17	17	15	24
第四档	355	20	12	16	16	17	10	29
第五档	355	20	18	13	12	8	6	43
合计			平均值					
	1 777	100	14	15	15	15	15	26

注:被兼并或清算的基金合计454只。

从这些数据我们可以看出,均值回归在基金收益方面发挥着重要作用。无论是第一档还是第五档的基金,它们的表现都难以持续。

我不太容易感到意外，但这些数据的确让我吃惊。它们反驳了大多数投资者和投资顾问的预期：基金经理的能力可以持续。结果证明，我们只不过是一群"随机漫步的傻瓜"[①]。

明星基金很少是恒星，多数不过是彗星

所以结论很清楚：均值回归的确存在。**当一只基金收益率明显高于行业平均水平时，随后通常都会回归甚至低于平均水平。**如前一章所述，绝大多数共同基金的收益落后于以整体股票市场为投资对象的指数基金。

因此，我们需要记住的是：共同基金领域的明星很少是恒星，多数不过是彗星。它们如闪电般划过天空，便消逝在茫茫的天际之中，只留下一丝淡淡的痕迹。

随着时间的流逝，真相也变得日渐清晰。基金收益似乎完全是随机的。的确，少数情况与技巧有关，但这需要几十年的时间来判断。在那之前，我们不知道一只基金的成功有多少可以被归结于运气，有多少归功于专业水平。

如果你有不同意见，并且决定投资于一只近期拥有超级业绩的基金，你可以这样反问自己：

◎ 原来的基金经理、人员和策略是否依旧？
◎ 如果基金资产扩大了许多倍，同样的结果还能够实现吗？

[①] 纳西姆·尼克拉斯·塔勒布（Nassim Nicholas Taleb）一部畅销书的名字。

- 费率或换手率高到什么程度会损害基金业绩？低到什么程度会提升基金业绩？
- 基金经理曾经追捧的股票，是否依然是股票市场的宠儿？

根据历史业绩挑选基金，结果往往跑输市场

总之，根据短期业绩挑选共同基金并不可靠，最终的投资结果经常远远落后于市场。而对于指数基金而言，超越市场的表现只不过是平常事。

如果我们扪心自问，或许就能明白为什么我们会难以接受均值回归这件事，因为这种现象不只体现在基金收益上，而且涉及我们生活的每个角落。

2013年，诺贝尔经济学奖得主丹尼尔·卡尼曼（Daniel Kahneman）出版了《思考，快与慢》（*Thinking, Fast and Slow*）一书，书中回答了这一问题："我们的大脑倾向于因果关系的解释，而不擅长处理纯粹的数据。当我们关注某一事件时，大脑就会去寻求该事件发生的原因……但它们（基于因果关系的解释）会出错，因为实际情况，可能就是不涉及因果的均值回归。"

杰出投资者的 顶层认知

过去业绩不能代表未来

当本书将要进入印刷环节时,《经济学人》评论员巴德伍得（Buttonwood）做了许多笔记：

"假设你挑选了截至2013年3月的12个月中业绩表现最好的25%的美国股票共同基金；在后续12个月里，到2014年3月，这些基金中只有25.6%仍然处于业绩最好的那一档。在之后的12个月里，这一比例将陆续下降为4.1%、0.5%和0.3%。如果你最初挑选的是业绩最好的50%的基金，结果也类似：业绩在平均水准以上的基金很难继续保持。

"假设你挑选了一只到2012年3月为止5年期业绩最好的基金，请问在随后5年（截至2017年3月）继续保持这种业绩的基金的占比是多少？"答案是22.4%。

的确如此，截至2012年3月的5年期业绩出众的基金，有高达27.6%的基金在随后5年落入业绩最差的那一档。有句老话说："过去的业绩不能代表未来。"它不是一句格言，而是数学规则。

听听《随机漫步的傻瓜》(Fooled by Randomness)的作者塔勒布是怎么说的：

"随便抛掷一枚硬币，如果正面向上，基金经理在1年期可以赚到10 000美元，如果反面向上，就亏损10 000美元。第一年，我们召集10 000名基金经理参加这场比赛。到第1年年末，我们确信将有5 000名经理赚到10 000美元，5 000名经理的资产减少10 000美元。接着，我们再来进行第2年的比赛。将有2 500名经理连续第二次赚到10 000美元；第3年将有1 250人；第4年，625人；第5年，313人。以此类推。

"如果一切条件不变，我们将找到313名连续5年赚钱的经理。到了第10年，1 000人就只有10人（0.1%）赚钱了。显然，这纯粹是运气……即使所有基金经理全都能力有限，也会有少数基金经理业绩优秀……在一个既定的股票市场上，具有良好历史业绩的经理人数，更多地取决于初始人数，而不是他们的能力。"

如果说上面的论述偏重于理论的话，那么，我们再从实践角度看看这个问题。《货币》杂志刊载了投资管理公司AJO执行合伙人泰德·阿伦森的专访：

问："你曾经说过，投资于主动型基金（相对于指数基金）完全依赖于信心。应该怎样理解这句话呢？"

答："在正常情况下，要从统计上证明一个基金经理的成功源于能力，而不是运气，需要20~800年的时间（去检验其长期业绩）。如果要以95%的可信度，证明某位基金经理的成功不是来自运气，最少需要1 000年——这要远远超过大多数人所说的'长期';即便是以75%的可信度验证其能力,你也得花上16～115年去追踪他的业绩……投资者必须了解基金业真正的运作模式。"

问:"你主要投资什么?"

答:"先锋公司的指数基金。我投资先锋指数500基金已经23年了。如果考虑税金,那结果就更明显了。我认为,指数基金是毋庸置疑的赢家,主动型基金根本没有胜算。"

博 格 论 指 数 基 金

THE LITTLE BOOK OF COMMON SENSE INVESTING

10th

THE LITTLE BOOK
OF COMMON SENSE
INVESTING

第 12 章

投资顾问

不能为你选出稳赚的基金

世界上最大的股票经纪公司——美林迎合市场，推出两只新基金，筹集 20 亿美元，6 年时间让投资者亏损超 80%，为什么基金营销的成功，最终却让投资者承担亏损的痛苦？投资顾问值得信赖吗？

博格论指数基金 THE LITTLE BOOK OF COMMON SENSE INVESTING

> 《群体的疯狂》作者
> 威廉·伯恩斯坦

如果可以的话,投资顾问应该选择指数基金。他们如果提到能帮你找到战胜市场的基金经理,那一定是在骗人。我认为选择指数产品的承诺,属于一种信仰。不要雇用没有这种信仰的人。

第 10 章和第 11 章提到的例证可以给我们带来两个教训：

◎ 要选择一个长期获利的股票基金，成功的概率非常低；
◎ 如果按以往的短期业绩选择基金，即使不会带来灾难，也会以失望告终。

那么，为什么不放弃这些"闭门造车"的方法，转而去寻求专业投资人士的意见呢？

找一位金融顾问（可以交给华尔街的股票经纪人），或是注册投资顾问（registered investment advisor，RIA，大多只收费用而非佣金），甚至是选择保险代理人提供的产品，如变额年金（务必小心）。

美国70%的投资家庭依赖专业人士

在本章中，我会尽量地解答关于投资顾问价值的几个典型问题。你会看到，我非常怀疑这些人帮助投资者选择股票基金的能力。他们中有些人可以，大多数不行。

专业投资顾问擅长提供其他有价值的服务，包括资产配置指导、税收规划、工作时如何储蓄、如何安排退休计划。关于金融市场的行情，多数投资顾问也能提供意见。

投资顾问可能会鼓励你为未来做好准备，也可以帮你处理很多与投资有关的额外决策（例如，如果你想为子女读大学或购买房产筹划一个基金）。有经验的顾问还可以帮助你避开投资路上的陷阱（进一步说，他们可以帮你避免犯下愚蠢的错误，如看重历史业绩、时机选择不当以及忽略基金成本）。最好的情况是，投资顾问可以帮你实施投资计划，提升投资收益。

绝大多数投资者还是需要依赖经纪人或投资顾问解决在金融市场遇到的难题。据估计，在5 500万投资共同基金的美国家庭中，有70%的家庭借助金融中介机构。如果这一数据准确，那么，选择"自力更生"的投资家庭仅有1 500万左右，其余4 000万投资家庭都依赖于专业人士（第1章戈特罗克家族的故事告诉我们，这种做法并不成功）。

哈佛商学院研究：投资顾问加剧亏损

我不知道帮手会增加价值还是减损价值，因为没有确切数据。

不过我很难想象帮手可以胜过平均水准。换句话说，客户根据他们的意见选择股票基金，而回报却很有可能与一般基金相差无几，落后于以标准普尔500指数表示的股票市场基准收益（见第4章）。

当然，我希望这些投资顾问能帮你找到可以超过市场平均收益的基金。事实上，只要能找到成本最低的基金——这绝对不会像火箭技术那么复杂——你就应该信赖他们。我们在第5章中探讨了这个问题。如果他们单纯选择成本最低的基金，如果他们认识到高换手率基金的税金会损害收益，就可以帮你节约很多交易成本和税金。这将为你减少一笔巨大的支出。

如果他们能把这两种策略结合到一起，像很多投资顾问那样强调低成本指数基金，对于客户来说绝对是好事。

如果这些投资顾问足够明智又足够幸运，也许还可以阻止投资者去追逐热门股（比如，20世纪90年代末，基金大肆投资于科技股），这样他们的客户就可以轻松跑赢大盘。你是否还记得第7章中的统计？相较于普通股票基金本身，基金投资者的收益平均少了1.5个百分点。在这里，有必要再提醒你一下，1991—2016年，尽管股票市场牛气冲天，连标准普尔500指数基金都可以轻易实现9.1%的年收益率，但基金投资者的名义回报率却只有6.3%。

从投资顾问的角度来看，根本没有任何证据可以表明，他们的建议能够提升投资者的收益，甚至超过整体基金投资者的平均收益。事实上，相反的证据倒比比皆是。

两位哈佛商学院教授组织了一次研究，研究结果显示，1996—2002年，"和投资者直接进行的投资（投资者直接购买基金）相比，通过经纪人进行基金投资（由投资顾问向投资者出售基金）的业绩较差，投资者每年损失约90亿美元"。

靠顾问赚2.9%，自主投资赚6.6%

具体来说，该研究发现，一方面，投资顾问也是在追随市场的趋势；另一方面，他们推荐的基金需要支付大量的费用，导致他们的建议毫无可取之处。此次研究的最终结论是：投资顾问推荐的基金年平均收益为2.9%（扣除所有前期费用和赎回费用），投资者直接购买的股票基金平均收益为6.6%。

然而，尽管证据确凿，但这些研究人员并未能给出明确结论——认定投资顾问的建议会带来负面影响。他们在报告中指出："我们仍然认为，投资顾问的投资建议确实可能存在巨大的无形收益，这还需要更进一步的研究，才能找出那些真正能够为投资者创造财富的投资顾问。"

还有一些证据有力地证明，基金投资者如果根据股票经纪人（不同于投资顾问）的建议进行投资，将会给收益造成更严重的负面影响。针对1994—2003年这10年，富达投资进行了研究，结果显示，通过经纪人管理的基金收益在所有基金中最低（其他基金类型包括私人管理型基金、公共管理型基金、金融集团管理型基金以及银行管理型基金）。

富达投资的研究结果显示，美林（Merill Lynch）的基金收益率比行业平均值低18%，而高盛（Goldman Sachs）和摩根士丹利（Morgan

Stanley）的基金收益率比行业平均值低9%，富国（Wells Fargo）和美邦（Smith Barney）的10年期基金收益率则比行业平均值低8%。

这些超级基金的业绩居然都如此不济，实在令人费解，但究其根源，可能是经纪行业的属性。对于经纪人来说，销售额就是他们的立身之本。他们每天要把产品推销给客户——投资者。

当公司推出一个新基金的时候，这些经纪人就要想尽办法把它们卖给投资者（我们不妨想象一下，股票市场停止交易、整天都毫无动静的诡异场面）。

世界最大股票经纪公司让投资者亏损超80%

此处最典型的案例，可能就是美林的惨败。如果投资者依赖股票经纪人的推荐，很可能遭遇可怕的灾难。2000年3月，也就是互联网泡沫达到顶峰时，世界上最大的股票经纪公司——美林不失时机地推出了两只新基金。一只是"焦点20基金"（Focus Twenty Fund，该基金依据当时的一个流行理论，即如果基金经理看好的前100只基金均有不俗业绩，那么，他们最看重的前20只基金自然会更优秀），另一只则是"互联网战略基金"（Internet Strategies Fund）。

两只基金首次公开上市均大获全胜，都取得了巨大成功。美林的经纪人从他们的客户腰包里拿走了20亿美元，其中"焦点20基金"筹集到9亿美元，而"互联网战略基金"筹资到11亿美元。

然而，这两只基金随后的情形急转直下，可以说是令人难以接受的惨败（这不足为奇，**向投资者销售新基金的最佳时机，就是**

基金最热门的时候，也是投资者最不应该买入的时候）。"互联网战略基金"开盘就大跌，资产价值在 2000 年的剩余时间里下跌了 61%。截至 2001 年 10 月，基金资产再度贬值 62%。这段时间共计下跌 86%。

大多数投资者只能强吞苦果，赎回基金。基金资产从最初的 11 亿美元跌至 1.28 亿美元。美林决定对"互联网战略基金"进行清盘，再把这只基金合并到美林的另外一只基金中（在辉煌的历史上留下这样一段败笔，对于美林来说，也许是永远无法洗刷的耻辱）。

单从价值上看，"焦点 20 基金"的损失相对少一些。在 2000 年的剩余时间里，其资产价值下跌了 28%，2001 年下跌了 70%，2002 年又下跌了 39%。在回到正收益以前，"焦点 20 基金"连续亏损了 3 年。截至 2006 年年底，基金累计收益-79%。在此期间，无可奈何的投资者只能定期赎回资金，基金资产也从 2000 年的近 15 亿美元，减少到目前的 8 200 万美元，下降幅度达 95%。

和"互联网战略基金"不同的是，"焦点 20 基金"至少还在挣扎。但无论如何，教训是一样的："互联网战略基金"和"焦点 20 基金"为美林筹集了 20 亿美元，但这仅仅是营销上的成功，而对投资者来说则是彻头彻尾的失败。高达 80% 的损失，几乎让投资者辛苦积攒的储蓄化为乌有。

智能顾问增长迅猛，或许成为顾问领域重要参与者

虽然这结果相当让人失望，而且美林也示范了惨痛的失败，但

注册投资顾问仍然可以在很多方面提供价值。我倾向于接受这样的观点：对很多投资者来说，投资顾问能提供优质的服务，让你保持平静，规划适合你的风险偏好的投资组合，处理共同基金涉及的各种难题和琐碎事务。不过，迄今为止，所有证据都一再验证了我最初的假设：从整体上看，**指望投资顾问帮你找到赚钱的基金，既不现实，也不可取。**

近年来，出现了一种向投资者提供服务的新方法。许多新公司依靠技术优势，直接提供计算机得出的"智能建议"给投资者，一般不需要面对面交流。

这些公司一般会推荐投资者买入并持有投资组合，把资产配置在债券和指数基金上。它们特别关注交易所交易指数基金，除了这些公司宣称的节税效应外，还因为这类产品的市场流动性好，而且不受交易次数的限制。

智能顾问增长迅猛。2017 年，两个先锋智能顾问报告称，它们管理了约 100 亿美元的客户资产，但这类智能顾问仅代表了注册投资顾问管理的总资产中的一小部分。它们收取的年费极低（约为 0.25%），将来可能会成为投资顾问领域的重要参与者。

尽管本章提供的案例有些过时，但也凸显了复杂投资面临的挑战。总之，这些案例再次证明，对大多数投资者来说，买进并持有包含整体市场的低成本指数基金，是绝佳选择。

如果你打算请注册投资顾问帮你选择基金，一定要当心他们的建议。假如你意向已定，就一定要注意费用是否合理（因为它们都是收益的抵扣项）。由于大多数注册投资顾问收取的费用大多在 1%

左右，因此，你还要权衡他们提供的服务与价值的关系。最后，请特别偏爱那些推荐股票与债券指数基金的投资顾问。

我向依赖专业建议挑选和管理共同基金组合的客户宣布一个好消息，并以此结束本章。有这样一种趋势，即给投资顾问制定关于信托责任的联邦标准。这意味着，投资顾问必须优先考虑客户利益。2016 年，美国劳工部批准了这项标准，其仅适用于向投资者提供退休计划的公司和个人。依据现行法律，个人退休账户原本就适用这项标准，但此标准的应用对于证券经纪人和保险代理人来说，则是"客户优先"原则的一个重要扩展。

最终，这项标准会扩展到退休计划之外，甚至是所有客户的所有账户。但现实情况是，即使这个建议最终失效，"客户优先"的原则也会流行起来。投资活动的变化过程缓慢，但正朝着信托责任的方向发展。

杰出投资者的**顶层认知**

选择指数产品作为一种信仰

让我们再来听听著名投资顾问威廉·伯恩斯坦在《投资的四大支柱》一书中的说法吧:

"你希望聘请的投资顾问是从投资工具的价值上去考虑,而不是这项工具是否给他们自己带来利益。

"不过,收取固定费用也未必就没有陷阱。顾问费用必须合理,资金管理费用不能超过1%。管理的资产规模如果超过100万美元,那管理费不应该超过0.75%;超过500万美元,则不应该超过0.5%……

"如果可以的话,投资顾问应该选择指数基金。他们如果提到能帮你找到战胜市场的基金经理,那一定是在骗人。我认为选择指数产品的承诺,属于一种信仰。不要雇用没有这种信仰的人。"

博 格 论 指 数 基 金
THE LITTLE BOOK OF COMMON SENSE INVESTING

THE LITTLE BOOK
OF COMMON SENSE
INVESTING

第 13 章

利润之源

尽可能低的总成本

追踪同一指数，不同基金公司收费却不同，明智的投资者如何从中挑选合适的指数基金？刚刚创造辉煌业绩的基金总是格外受欢迎，为什么追逐热门基金，往往是失败的开始？

> 查理·芒格

在扣除这些经纪人拿走的份额后,半数投资者的回报将低于均值。要知道,仅仅这个均值的回报水平就足以让投资者感到抑郁烦恼了。聪明的办法就是通过指数化投资赶走这些顾问,降低投资换手率。

第 13 章 | 利润之源

在前面几章中，我们学到了什么?

◎ 成本很重要（第 5 ~ 7 章）。
◎ 不能基于过往的业绩挑选股票基金（第 10 章）。
◎ 基金收益趋向均值回归（第 11 章）。
◎ 即使抱有善意的投资顾问，也不可靠（第 12 章）。

如果说低成本是利润之源，那么，把投资目标定位于所有基金中成本最低的指数基金——一个拥有整个股市的基金，岂不是理所当然吗？很多大型指数基金的费率均低于 0.04%，而且换手成本趋近于 0。它们的总成本每年仅有 4 个基点[①]，比第 5 章中成本最低的基金（91 个基点）还要低 96%。

---

① 英文名 basis point，即"百分之零点零一"（0.01%）。它在计算利率、汇率、股票价格等范畴被广泛应用。

50年后，仅2%主动型基金胜过指数基金

低成本的作用毋庸置疑。正如前文所述，在现实世界中，只要看看标准普尔500指数基金在过去10年及25年里的卓越表现，一切便清晰明了了。

指数基金取得的巨大成功显而易见，也无可争议。在未来10年的股市收益预期并不乐观的情况下，我想用简单公正的数学规则，结合统计数据，归纳一下能在未来帮助你的要点。

首先，我们可以运用统计方法来估算一下主动型基金在不同时段胜过被动型指数基金的概率。这个复杂的检验过程被称为蒙特·卡洛模拟[①]。关于这种模拟，我们需要针对某些变量进行假设，包括股票基金收益波动率、基金收益与股票市场收益的差异程度，以及股票投资的总成本。在这里，我们假设每年的指数基金成本为0.25%，主动型基金成本为2%（许多指数基金成本低于0.25%，也有许多主动型基金成本高于2%）。

最终的模拟结果是：按1年期计算，约29%的主动型基金收益超过指数基金；按5年期计算，约15%的主动型基金占优。然而，按50年的话，只有2%的主动型基金能胜过指数基金（见图13.1）。

那么，未来的实际结果到底会怎样呢？当然，我们无从知晓，但过去25年的情况是客观存在的事实。我们都知道，以往的25年中，就像我们在第10章里看到的，355只基金中，仅有2只基

---

① 英文名Monte Carlo simulation，以长期，甚至是一个世纪内每个月的收益数据为研究对象，把这些收益数据随机拼凑在一起，再计算数千个假设组合的年收益率。

金的年均收益率高于市场指数基金 2 个百分点以上，而且其中的某个赢家，也在 20 年后失去了它的优势。所以说，我们的统计结果是合情合理的。这个简单而公正的数学方法提示我们，一定要重视指数基金。指数基金不仅需要扮演重要角色，更应该占据核心地位。

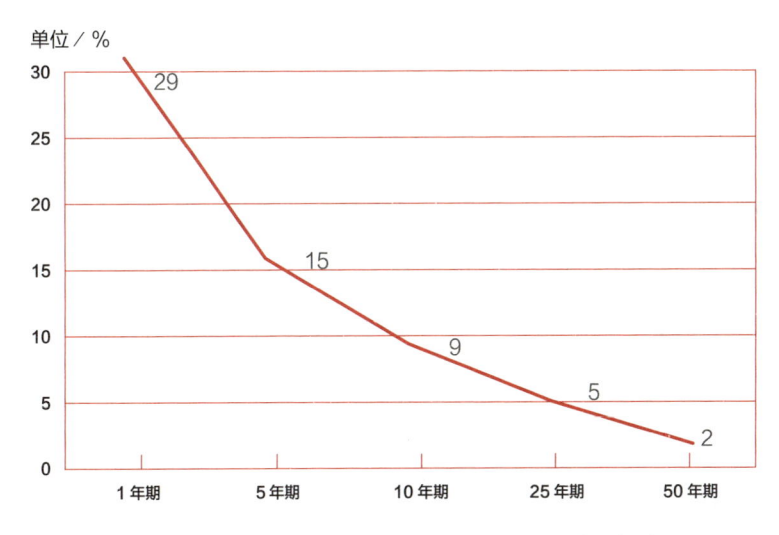

图 13.1 主动型基金收益胜过被动型指数基金的概率

无论如何，在目前股票和债券市场一蹶不振，而且有可能继续萎靡下去的情况下，成本将比以往任何时候都显得更重要，尤其是当我们知道，无论金融市场创造了多少收益，都不可能被全体共同基金获取。即使收益已经这么少了，大多数投资者依然拿不到。因此，正如我经常说的那样："在节俭王国里，简洁就是国王。"指数基金符合这一要求。

再重申一次：随着时间的推移，所有这些令人生厌的成本——

基金费率、手续费、换手成本、税金以及生活成本的缓慢提高（通货膨胀）——从长期来看，都在真真切切地侵蚀着我们的投资价值。只有在极少数的情况下，投资者才能真的拿到基金公布的收益。

跟踪同一指数，不同公司收费却不同

关于未来几年的市场收益，我的估算可能是错误的——或许太高，也可能太低。然而，基金究竟能从市场收益中取得多少份额，又或投资者实际能得到多少收益，我对这几个问题的看法有一个共同点：它们不代表我的个人看法，而是依赖于冷酷但公正的数学规则。正是这些数学规则，让我们寻找绩优基金的努力如同大海捞针。一旦你忽略了这些规则，就会陷入危机之中。

通往投资成功的路上，充满了危险的急弯和洼坑，千万不要忘记用简单的数学规则来避开这些危险。因此，**要尽可能分散投资，减少投资费用，不要让情绪使你陷入大多数投资者经历的灾难**。相信你的常识，关注涵盖整个股票市场的指数基金。认真考虑你的风险承受能力，明确你对所购股票的收益预期，然后，坚持自己的策略，不要动摇。

还有一点必须补充，并非所有指数基金的结构都一样。即便以指数为基础的投资组合基本相同，它们的成本也有可能相去甚远。有些基金的费率微乎其微，可以忽略不计；有些基金的费率高得令人难以接受；有些基金不收取手续费；也有近 1/3 的基金收取前期费，而且可以选择在 5 年（常见的支付年限）内分期支付佣金；

还有一些基金则需支付标准的经纪佣金。

在10家大型基金组织以标准普尔500指数为基础发行的基金中，成本最低的基金与成本最高的基金之间的成本差居然达到了1.3个百分点（见表13.1）。更糟糕的是，高成本指数基金甚至还会向投资者预收手续费。

表 13.1 标准普尔 500 指数基金的成本

(%)

基金类型	基金名称	年费率	手续费
低成本基金	Vanguard 500 Index Admiral（先锋）	0.04	0
	Fidelity 500 Index Premium（富达）	0.045	0
	Schwab S&P 500 Index（嘉信）	0.09	0
	Northern Stock Index（北方）	0.10	0
	T. Rowe Price Equity 500 Index（普信）	0.25	0
高成本基金	Invesco S&P 500 Index（景顺）	0.59	1.10
	State Farm S&P Equity 500 Index（州农业保险）	0.66	1.00
	Well Fargo Index（富国）	0.45	1.15
	State Street Equity 500 Index（道富）	0.51	1.05
	J.P. Morgan Equity Index（J.P. 摩根）	0.45	4.80

我们可以看出，即使在低成本标准普尔 500 指数基金中，费用差异也很大。先锋基金的费率仅有 0.04%，而普信基金则为 0.25%。虽然收费低于高成本指数基金，但普信基金也算不上低成本。对过去 25 年进行复合计算，假设年均收益率为 6%，初始投资为 10 000 美元，普信基金将增长为 40 458 美元，而先锋基金将成长为 42 516 美元，比前者多 2 058 美元。是的，看似微小的成本差异，也会带来显著差别。

目前，大约有 40 只传统指数基金以跟踪标准普尔 500 指数为投资策略。令人吃惊的是，在这些基金中，14 只基金需要预收手续费，介于 1.5%～5.75%。明智的投资者应该选择那些没有手续费且营运成本低的指数基金。这些成本直接影响基金股东能得到的净收益。

要确保收益归你，而不是归基金公司

1975 年，先锋基金创立了第一只指数基金。9 年过后，第二只指数基金才出现——富国银行的股票指数基金，创立于 1984 年 1 月，其后的表现可以与先锋 500 指数基金进行比较。

两只基金均选择标准普尔 500 指数作为基准。上市几个月以后，先锋 500 指数基金就取消了销售佣金，目前投资金额超过 10 000 美元的投资者的年均费率也仅为 0.04%。

相比之下，富国银行基金一直收取 5.5% 的手续费，此后年均费率为 0.8%（目前为 0.45%）。所以，它从开始就落后于先锋基金，而且每过一年，落后就更多一点。

1984—2017 年，先锋基金的价值提升了 27%。如果在 1984 年用 10 000 美元投资先锋基金，到 2017 年会增长到 294 900 美元；而把 10 000 美元投入富国银行的股票指数基金，会增长到 232 100 美元。所以，明智的投资者将挑选有信誉的基金公司，购买其成本最低的指数基金。

数年前，有人曾经问一位富国银行的代表："你们的基金凭什么收取如此高的费用？"这位代表回答："你不了解，这是因为我们的现金牛。"换句话说，它能为基金经理带来丰厚的利润。**只要精心为你的投资组合挑选成本最低的基金，你就可以确保指数基金是在帮你赚钱，而不是在帮基金经理赚钱。**

追逐热门基金，往往是失败的开始

传统思维认为，指数化只适用于高效的市场，例如标准普尔 500 指数收录的美国大型成分股市场，而在小型股或海外股票市场中，主动型基金会表现更好。然而，事实并非如此。

历史数据显示，指数化适合于任何情况。结果必然如此。其原因在于，无论市场是有效还是无效，市场某一板块的全体投资者只能赚到这个板块的收益。在无效市场上，最成功的基金经理可能会创造非同寻常的巨额收益。但永远不要忘记：作为一个整体，市场中任何一个板块的投资者都只能取得平均收益，而且事实也必将如此。

国际型基金也一样。有些人认为，国际基金更容易在无效市场中获胜,但事实并非如此。标准普尔500指数指出,在以往的15年里,国际指数基金(涉及全球市场,包括较少的美国股票)的收益比主动型股票基金高出89%。

同样,标准普尔新兴市场指数(S&P Emerging Markets Index)的收益率比普通新兴市场股票基金高出88%。由此可见,无论市场是否有效,指数工具都能发挥作用。

注意:我们可以通过指数基金对某一特定市场板块进行有效的投资,但是,要用赌博的方法去预测哪个板块,归根结底也只是赌博。而赌博永远是输家的游戏。

为什么这么说呢?因为情绪和心理这两个因素,很有可能会给投资者的收益造成负面影响。不管一个板块的盈利如何,这个板块的投资收益都极有可能落后于大盘。无数的证据表明:最受欢迎的板块基金,肯定是那些刚刚创造出辉煌业绩的基金。而追逐热门基金,往往是失败的开始。

因此,在挑选你准备下赌注的市场板块时,一定要三思而后行。尽管选择低成本的指数基金也许不那么令人兴奋,但这绝对是让你走向最终胜利的决策,也是数学规则的体现。

请记住以下几点:避免将问题复杂化,尽可能化繁为简,严控成本,你的投资必将走向繁荣。

杰出投资者的 顶层认知

赶走投资顾问，降低投资换手率

你也许会认为，按照我的计算，在全部股票共同基金中居然只有2%能在50年内超过股票市场大盘，这样的结果太悲观了。既然如此，不妨看看迈克尔·莫布森①的计算结果。

按照我2%的数据估计，在50只投资基金中，只有1只基金能在50年内超过市场大盘，但是按照莫布森的计算，1只基金在15年内连续战胜市场的概率只有1/223 000，至于能在21年内连续超过市场的基金，在3 100万只基金中才能找到1只。不管数字如何，有一点是相同的：战胜指数基金的可能性微乎其微。

现在，我们再来听听沃伦·巴菲特的黄金搭档查理·芒格怎么说。他用一个例子，语重心长地告诫我们应该规避复杂的投资，选择最简单的方案：

"近年来，大型慈善基金开始变得越来越复杂。某些捐赠基金设

---

① 迈克尔·莫布森（Michael Mauboussin），美盛资产管理公司首席投资战略专家、哥伦比亚商学院副教授，畅销书《反直觉投资》（*More Than You Know*）的作者。

立了很多投资顾问，甚至还雇用了一批顾问帮它们选择投资顾问，以在不同类型的股票间分配资金，保证投资始终遵守事先确定的投资风格……第三类顾问是投资银行的证券分析师。

"面对所有这些复杂的环节，只有一点是我们可以肯定的：投资管理的总成本，再加上大额频繁交易的摩擦成本，很容易就能达到基金净值的3%。总之，全部股票基金每年所承担的业绩损失，就是这些中间人带来的总成本……

"因此，我们不得不面对这样一个无法回避的现实：在扣除这些经纪人拿走的份额后，半数投资者的回报将低于均值。要知道，仅仅这个均值的回报水平就足以让投资者感到抑郁烦恼了。聪明的办法就是通过指数化投资赶走这些顾问，降低投资换手率。"

10th

THE LITTLE BOOK
OF COMMON SENSE
INVESTING

第 14 章

债券市场

指数化产品同样优势突出

虽然长期来看，股市可能比债券收益率高，但短期来看，为什么说债券能降低投资组合的波动性，从而减少投资者做出不理智行为的概率？为什么债券指数基金和股票指数基金具有相同的优势？

博格论指数基金 THE LITTLE BOOK OF COMMON SENSE INVESTING

黑石集团固定收益部门前主管
彼得·费雪（Peter Fisher）

我们正进入指数投资的第二个阶段，即各类金融产品指数化。这个世界充斥着不确定性，投资者应该让他们拥有的（债券）投资组合更简洁，以便在夜晚安然入睡。

到此为止，我对常识的应用大部分以股票市场、股票共同基金和股票指数基金为对象。不过，我提到的冷酷但公正的数学规则，同样适用于债券基金，甚至更具说服力。

当市场暴跌时，债券可以提供保护

原因其实很简单。影响股票市场和每只个股的因素不计其数，但债券市场投资者获取的收益，基本只受一个决定性因素的影响：利率水平。

在利率面前，固定收益基金的经理几乎无所作为，他们根本就不能影响市场利率。如果他们不喜欢市场利率，唯一能做的就是给财政部或是美联储打电话，或是尝试改变市场供求关系，但这根本就不可能。

历史经验告诉我们，从长期而言，股票通常能够提供比债券更高的收益。在未来 10 年里，预期这个关系仍然会存在，虽然根据理性的预期，股票和债券的未来收益几乎都会明显落后于历史水平。

就像第 9 章提到的，我预估在未来 10 年里，债券的年均收益率是 3.1%。另外，1900 年以来，债券的年均收益率是 5.3%；1974 年以来，债券的年均收益率是 8%；在未来 10 年里，债券的年均收益率很可能在 3.1%左右。

既然如此，聪明的投资者为什么要持有债券？

首先，长期由一系列短期构成，而在许多短时间段里，债券提供了比股票更高的收益率。 在 1900—2017 年的 117 年里，债券胜过股票 42 年；在 112 个滚动式 5 年期里，债券超过股票 29 次；甚至在 103 个滚动式 15 年期里，债券也超过股票 13 次。

其次，持有债券更重要的原因是债券可以降低投资组合的波动性，在市场大幅下跌时提供保护。 一个股债平衡型组合的保守特性，可能降低投资者做出不理智行为的概率（比如，在市场暴跌时恐慌性抛出股票）。

最后，虽然目前债券利率接近 20 世纪 60 年代早期以来的最低水平，但债券的当期利率（3.1%）仍然要超过股票的收益率（2%）。

事实上，即使在当下的低利率环境下，债券仍保有竞争力。债券超过股票的正向息差是 1.1 个百分点，相当接近 40 年来债券的利率优势——1.4 个百分点（1974 年以来，债券的平均利率为 6.9%，股票的平均利率为 5.5%）。

一旦我们考虑到这些因素，问题就会从"为什么持有债券"变成"应该持有多少债券"，而我们将在本书的第 18 章中解答这个问题。

垃圾债券比例越高，风险越大

整体而言，债券基金经理提供的总收益，只能与利率决定的基准收益率持平。诚然，可能确实有少数基金经理会做得更好，甚至长期维持相对优异的表现，但这可能是因为他们特别聪明、运气好或者愿意承担额外的风险。

唉！不当决策总是不请自来，并损害长期收益（经常发生均值回归）。进一步说，即使债券基金经理想让债券总收益率多增长几个基点，他们也很难抵消由此而增加的费用、管理费和手续费。

尽管这些成本使得增加收益的任务变得异常困难，但是在超额收益的诱惑下，那些超级自信的债券基金经理还是甘愿承担更高的风险：延长投资组合中的债券到期日［长期债券（比如30年）的价格波动性要高于短期债券（比如2年），但收益率通常也更高］。

更糟糕的是，在超额收益的诱惑下，他们有可能降低投资组合的质量，如减少美国国库券（信用评级为 AA+）或投资级企业债券（信用评级在 BBB 以上）的比例，增加低于投资级债券（信用评级在 BB 以下），甚至垃圾债券（信用评级在 CC 以下或没有信用评级）的比例。过度依赖垃圾债券以期增加总收益，投资组合将承担极高的风险（当然！）。投资者如果为了增加收益想要配置一些垃圾债券，一定要控制好比例，千万不能太高！

债券共同基金通常会向投资者提供三种（或更多）选择，以权衡收益和风险。短期组合适用于愿意牺牲部分利息，以降低波动风险的投资者；长期组合适用于寻求最多利息，并能接受高波动性的投资者；中期组合在收益和市场波动性之间寻求平衡。这些选择有利于债券基金吸引持有不同策略的投资者。

主动型债券业绩大多落后其基准指数

总之，依照债券的期限和信用评级，我们可以赚取相应的收益。在扣除费用、营运成本和手续费之后，收益将会减少。就债券来说，布兰蒂斯的警告更有意义："哦，陌生人，请记住，数学永远是科学之父，安全之母。"

不计其数的债券基金考验着你的耐心，这就需要我们对这些基金进行评估。在本章，我们将讨论3类主要的持有期限（短期、中期和长期）和2种主要的质量类型（美国政府债券和投资级企业债券）共6个类别的债券基金。

第3章曾经提到，90%的主动型基金的收益落后于它们的基准指数，就像标准普尔500指数在它的 *SPIVA* 报告中写的那样。

SPIVA 报告也对比了不同类型的债券共同基金与它们参考的基准指数的收益表现。

2001—2016年这15年里，债券指数的业绩相当可观，平均超过表14.1中6个类别——短期、中期、长期的美国政府债券和投资级企业债券——85%的主动型债券基金。这些参考指数的表现，也超过了84%市政债券基金和96%的高利率债券基金。

据 *SPIVA* 的资料估计，2001—2016年15年间，中短期国债和投资级企业债券的收益相对于指数基金而言，每年落后约0.55个百分点。普通债券基金每年支付的成本约为0.1%，主动型债券基金的年费率平均是0.75%。两类基金的费率平均相差0.65个百分点，稍微超过了业绩差距。低成本再一次彰显了指数基金的优势。

表14.1 主动型债券基金的表现
落后于其基准指数的比例，2001—2016年

(%)

基金类型	美国政府债券	投资级企业债券
短期债券	86	73
中期债券	82	73
长期债券	97	97
平均	88	81

债券指数基金与股票指数基金具有相似价值

第一只整体债券市场指数基金创设于1986年，至今仍然是资产规模最大的基金，其基准参考指数是彭博巴克莱美国综合债券指数（Bloomberg Barclays U.S. Aggregate Bond Index）。几乎所有主要的整体债券市场指数基金都追踪它。这些指数基金质量极佳（63%的美国政府担保债券，5%的AAA级企业债券，32%的AA级到BAA级债券，没有低于投资级的债券）。过去10年，整体债券市场指数基金的年收益率为4.41%，比它追踪的目标指数4.46%的年均收益率，只落后0.05个百分点。

高质量投资组合派发的利息，不免低于低质量投资组合。整体债券市场指数基金的利息在 2017 年年中是 2.5%，低于之前提到的债券市场代表性投资组合 3.1% 的当期利率。差别是：在我们之前构建的债券投资组合中，美国政府债券占比较低（50%），投资级企业债券占比较高，所以当期利率也会更高。

为了实现这样一个 1∶1 比例的投资组合，并且当期利率高于整体债券市场指数基金，投资者可以考虑用 75% 的整体债券市场指数基金和 25% 的投资级企业债券指数基金构建投资组合。

现实是，**债券指数基金的价值，与股票指数基金的价值类似：分散投资化、极低的成本、有纪律的投资组合活动、节税效率、以股东利益为优先的长期投资策略**。正是这些符合常识的特质，使得指数基金能够保证投资者在股市和债券市场上获取合理的收益。

的确，本书先前讨论的有关股票基金的许多内容，可以直接套用在与债券相关的部分，尤其是第 5 章、第 10 章和第 13 章。这些法则是通用的。

也应重视债券指数基金的成本优势

债券指数投资正在快速增长。彼得·费雪是全球基金管理巨头黑石的固定收益部门前主管。他发现:"我们正进入指数投资的第二个阶段。这个世界充斥着不确定性,投资者应该让他们拥有的(债券)投资组合更简洁,以便在夜晚安然入睡。"

债券投资指数基金的优秀业绩有目共睹。虽然没有过多提到,但注册金融分析师沃尔特·古德(Walter Good)和罗伊·赫尔曼森(Roy Hermansen)的《投资成功的指数化之路》(*Index Your Way to Investment Success*)一书确认了本章观点:

"只要比较一下费率、交易成本和手续费,我们就可以认识到债券指数基金的成本优势……与主动型基金相比,指数基金的年均收益率要高出 1.2 个百分点。

"通过数据,我们可以清晰地看到,主动型债券基金经理面临的挑战……并且透露主动型债券基金经理需要争取多少额外收益,才能获得和指数债券基金相同的收益。"

蒂莫西·海尔（Timothy Hale）是《更聪明的投资——简单的决策带来更出色的结果》（*Smarter Investing-Simple Decisions for Better Results*）一书的作者。他指出："我们不应该轻视债券指数投资的效果，但迄今为止，这种模式尚未成为市场的主流。所有的证据都无可争议地站在指数基金一边……1988—1998年，债券指数基金的年均收益率为8.9%，与此同时，主动型债券基金的年均收益率为8.2%。在这个市场上，85%的主动型债券基金都已成为指数基金的手下败将。而这两者之间的差异，主要来源于费用。"

THE LITTLE BOOK
OF COMMON SENSE
INVESTING

第 15 章

ETF

脱离了指数基金创立的初衷

ETF 的诞生，大大方便投资者把 ETF 当作个股一样频繁交易，为什么博格认为 ETF 完全是与其理念背道而驰的指数基金？为什么博格断言，增强型指数基金会减少投资者收益，却增加发行公司收益？

博格论指数基金　THE LITTLE BOOK OF COMMON SENSE INVESTING

晨星公司执行董事
唐·菲利浦斯（Don Phillips）

指数化也存在一个投资者不应忽视的阴暗面。随着专业化程度的提高，投资者遭受损失的危险性也越来越大，而这正是ETF所做的一切……如果运用得当的话，精确的工具可以创造出精妙的事物；而一旦使用不当，就有可能带来巨大的灾难。

过去 10 年，传统指数基金深受一只披着羊皮的狼——交易型开放式指数基金（exchange traded fund，简称 ETF）的挑战。简单来说，ETF 是专为交易便利而设计的指数基金，也是经过伪装的指数基金。

ETF 会让投资者陷入频繁买卖的陷阱

几十年前出现的传统指数基金，其最初的理论架构是长期投资。如果将指数基金作为短期交易的工具，只能被视为短期投机行为。

同理，如果最初主张分散投资，那么只持有市场上某一板块的股票，即使已经具有了足够的多样性，投资的分散程度必定会减少，因此风险也会更高。如果最初想要尽可能地压低成本，那么持有某一行业板块的指数基金除了会导致成本上升以外，还要负担交易时的经纪佣金。即使运气不错，投资者也还是要承担税金。

请允许我说得再清楚一点。**只要你避免进行短期交易，投资这**

些追踪整体股票市场的指数型 ETF 并没有什么错。短期投机是输家的游戏，长期投资是一种行之有效的策略，广义市场指数基金非常适合执行这一策略。

传统指数基金的基本特征，是保证投资者从股市中获取合理的收益。然而，在现实生活中，从事 ETF 交易的投资者却根本得不到这种保证。实际上，在扣除所有额外成本、税金、错误选择股票和市场时机造成的损失之后，ETF 投资者根本搞不清楚投资回报与股市收益之间究竟存在何种关系。

传统指数基金与 ETF 之间的差异显而易见（见表 15.1），它们是截然不同的东西。留给我的疑惑，正如一首老歌所唱的那样："天哪，他们怎么把我的歌唱成这样了？"

表 15.1 传统指数基金与 ETF 对比

指标	传统指数基金	ETF		特殊指数基金
		广义指数基金		
		投资型	交易型	
最大投资分散程度	是	是	是	否
最长投资期限	是	是	否	很少
最低成本	是	是	是*	是*
最高节税效率	是	是	否	否
最大市场收益份额	是	是	未知	未知

* 注：不包含交易成本时。

ETF 增长迅猛，其风险直追个股波动

世界上的第一只 ETF 诞生于 1993 年，被命名为"标准普尔信托凭证"（Standard & Poor's Depositary Receipts，SPDRs）。很快，因为 SPDRs 的拼写近似于"Spider"，人们就称之为"蜘蛛"。这绝对是一个精妙的创意。ETF 投资于标准普尔 500 股票指数，凭借其低运营成本、高节税效率以及长期持有的特点，成为传统的标准普尔 500 指数基金①最强劲对手（不过，由于经纪人要收取佣金，它不适合投资者进行定期小额投资）。

2017 年早些时候，SPDRs 500 仍然是最大的 ETF，资产超过 2 400 亿美元。2016 年全年，约有 260 亿份 Spider 标准普尔 500 指数达成交易，总成交量达到令人震惊的 550 亿美元，年换手率达到 2 900%。从交易量来看，Spider 每天都是全世界交易最广泛的股票。

Spider 和其他类似的 ETF 一样，使用者大多数是短线投资者。银行、主动型基金经理、套期交易者以及职业交易员等全球最大的客户，持有约一半的 ETF 资产。他们疯狂交易持有的 ETF 份额。2016 年，这些大交易商持仓换手率的平均值接近 1 000%。

最初单一的标准普尔 500 指数 ETF 发行后，整体 ETF 出现爆炸式增长。在 2017 年年初时，其资产占所有指数基金资产的一半，即 50 万亿美元中的 25 万亿美元。其市场份额从 1997 年的 9%，增

---

① 迟到的莫斯特先生，一个好男人，起初提议作为先锋基金的合伙人，以我们的标准普尔 500 指数基金作为交易工具。自从我意识到交易对于投资者来说是输家的游戏，对于经纪人而言则是赢家的游戏，我就拒绝了他的提议，但我们仍然是朋友。

长到 2007 年的 41%，再到 2017 年的 50%。

时至今日，ETF 已经成为金融市场上一股不容忽视的力量。它们的交易金额有时达到整个美国股票市场交易金额的 40%，甚至更多。事实证明，ETF 能够满足投资者和投机者的需求，也是股票经纪人从上天得到的恩赐。

这种令人难以置信的增长速度，彰显了华尔街金融家们的能量、货币基金经理对敛财的执着与专一、经纪公司强大无比的营销能力以及投资者爱复杂胜于简单的观念。无论结果怎样，不管发生什么，投资者都将继续相信他们能战胜市场。我们不妨拭目以待。

无论是数量还是品种，ETF 的发展都已经近乎飞奔。目前市场上存在 2 000 多只 ETF（从 10 年前的 340 只增长而来），可供选择的投资种类实在太多了[①]。

ETF 在产品性质上完全不同于传统指数基金（见表 15.2）。例如，ETF 仅有 32% 的资产投资于股票市场指数基金（美国和全球），比如 Spider；而传统指数基金中此类资产占比高达 62%。目前有 950 只 ETF 的产品性质属于集中、投机、逆向及杠杆扩张，占 ETF 总资产的 23%，但仅有 137 只传统指数基金与 ETF 类似（占传统指数基金资产的 5%）。

669 只 ETF 专注于智能投资策略（smart and factor strategies），244 只投资特定股票，156 只集中投资特定国家。另外还有 196 只投

---

① 在写作本书时，又有 250 多只 ETF 在此前 12 个月里上市，大约 200 只 ETF 注销。高企的上市和注销比例表明，一个新的投资热潮正在酝酿。而这些热潮对投资者在市场上的福利几乎是无能为力的。

表15.2 传统指数基金和ETF的资产对比，2016年12月

传统指数基金				
策略	资产规模（亿美元）	占比（%）	基金数量（只）	占比（%）
多样化配置美国股票	12 950	47	67	16
多样化配置非美国股票	4 210	15	43	10
多样化配置债券	4 890	18	50	12
智能投资策略	4 230	15	129	30
集中/投机	1 320	5	137	32
总计	27 600	100	426	100
ETF				
策略	资产规模/亿美元	占比（%）	基金数量（只）	占比（%）
多样化配置美国股票	4 770	20	40	2
多样化配置非美国股票	2 870	12	94	5
多样化配置债券	3 550	15	196	10
智能投资策略	7 560	31	669	34
集中/投机	5 620	23	950	49
总计	24 380	100	1 949	100

注：不包含交易成本时。

资分散的债券，422只采用杠杆扩张（让投机者能够赌股票市场的涨跌方向，然后赚取1倍、2倍、3倍甚至4倍的价格波动幅度）或其他高风险策略。

另外，ETF的现金流入具有很大的不稳定性，尤其对比传统指数基金稳定的现金流入。从2007年4月股票市场处于高位，到2009年4月（股市刚暴跌50%不久）的24个月里，传统指数基金没有一个月出现现金负流入。然而，ETF在这24个月里有10个月出现现金负流入。从2007年12月流入310亿美元（接近市场高点），到2009年2月流出180亿美元，股票价格触底，充分显示了投资者不理智的投资决策。

是的，**在几乎所有方面，多数ETF都背离了传统指数基金的原则：买入并持有、分散投资以及压低成本。**

实时交易ETF，只会徒增摩擦成本

整体市场ETF可以复制传统指数基金的5种基本原则，前提是它必须买入并长期持有相关资产。它们和对应的共同基金的年费率正趋于等比。尽管它们的交易佣金侵蚀了投资者赚取的收益。

正如Spider早期的广告所说的："现在，你可以按照实时价格，全天候交易标准普尔500指数。"你当然可以这样做，但收益是什么？我不由想到世界上质量最好的Purdey牌猎枪。把ETF比作Purdey牌猎枪再恰当不过了。

Purdey牌猎枪是猎杀大象的绝佳武器，但它也是自杀的最佳工具。我怀疑，大多数 ETF 早晚有一天都将证明，即便从财务角度上还不能说这是投资者的自杀行为，但至少也会损耗大量财富。

但是，不管一个市场板块的 ETF 能实现多少收益，其投资者的收益却很有可能（甚至可以说注定）远远低于这个数字。大量的证据表明，眼下最热门的板块基金必然是那些刚刚从辉煌中走出来的基金，但是这类成功不会持久，别忘了均值回归。

事实上，这种追逐过往收益的投资策略，几乎注定要失败。所以说，第 7 章里提到的教训——共同基金投资者赚取的收益总是落后于他们投资的基金，尤其是那些价格波动剧烈、投资分散程度不足的基金。这种情况很有可能在 ETF 再次出现。

即使业绩优秀的 ETF，仅有 1 只股东收益占优

为了更形象地说明这一点，我们不妨回忆一下 2003—2006 年表现最优秀的 20 只 ETF。在这 20 只 ETF 中，只有 1 只 ETF 的股东收益超过了基金本身的收益。股东的年均收益低于基金自身收益 5 个百分点，最大差距竟然高达 14 个百分点（iShares 奥地利基金公布的收益率为 42%，但投资者只能得到 28% 的收益）。对于任何一个贴着"ETF"标签的基金，我给你的第一个提醒就是"小心应对"。

于是，投资者不论是主动选择，或是被经纪人说服从事 ETF 的短线交易，大多会因为时机选择不当而承受损失，因为他们很可能会选到即将下跌的热门股票。另外，短线交易也带来了大量佣金和其他随之而来的费用，而这些都会降低投资者的收益。

投资者如果同时受情绪和成本所困，必将难以获得理想的收益。这还没有考虑为此浪费的大量时间。这些时间原本可以用于生活和娱乐。2006年开始，ETF被视为能够战胜市场的投资工具（细节参考第16章）。然而，选择ETF意味着会引来股票经纪人。他们热衷于鼓励投资者买卖ETF，以实现短期获利。对此，我绝对不敢苟同。

如果不能长期持有ETF，注定成为输家

ETF显然让这些企业家、经纪人和基金经理美梦成真，但对投资者来说是否一样呢？投资者能从ETF的全天候实时交易中受益吗？它究竟是提升了还是降低了投资分散程度？它是在追随赢家的足迹，还是在重蹈输家的覆辙？如果把经纪人佣金纳入考虑，这些ETF还能不能算作低成本？频繁买卖和买进并持有的交易策略之间，到底哪个更胜一筹？

最终，如果说传统指数基金旨在充分发挥长期投资的优势，那么，这些指数基金新宠的投资者不是正把时间和精力浪费在毫无益处的短期投机上吗？只要动用你自己的常识，这些问题的答案不就一目了然了吗？

金融行业的从业者既要追求企业利益，又要维护客户利益，ETF在其中扮演着怎样的角色呢？如果投资者大笔投资于先锋500 ETF和SPDRs 500 ETF，以较低的佣金比例投资并长期持有，那么他们就能受益于这类工具提供的投资分散程度和低成本，甚至还能享受一定的节税效应。

然而，如果把这两种 ETF 当作短线交易工具，就完全违背了成功投资的原则。投资者如果偏爱某一产业板块的 ETF，就应该挑选合适的项目进行长期投资，而不要从事短线交易。

现在，我要回答本章开头提到的那个问题："天哪，他们怎么把我的歌唱成这样了？"作为世界上第一只共同基金的创建者，我只能回答："他们把歌装在塑料袋里，然后翻过来扣在地上，妈妈，他们就这样糟蹋我的歌。"

总之，ETF 完全脱离了指数基金的初衷。**我强烈奉劝聪明的投资者，一定要坚守业已被实践证明了的投资策略，不要轻信所谓的潮流和时尚。** 尽管我不能说标准的指数基金是迄今为止最好的策略，但常识应该能让我们相信：糟糕的策略比比皆是。

增强型指数，
只会增加发行公司收益

唐·菲利浦斯是晨星公司的执行董事。他在一篇名为《走向好莱坞的指数化》("Indexing Goes Hollywood")的文章中指出：

"指数化也存在一个投资者不应忽视的阴暗面。随着专业化程度的提高，投资者遭受损失的危险性也越来越大，而这正是 ETF 所做的一切……如果运用得当的话，精确的工具可以创造出精妙的事物；而一旦使用不当，就有可能带来巨大的灾难。在创造更为复杂的产品的过程中，尽管指数借助高度专业化的工具找到了新的收益来源，但是对那些不够专业的投资者来说，这些专业工具带来的风险同样也不可低估。因此，指数投资面对的考验是到底应该忽略这些风险，还是应该义无反顾地继续向前，同时想方设法缓解这些风险。"

《指数周刊》(Journal of Indexing)的编辑吉姆·魏安特（Jim Wiandt）认为：

"和金融行业中的大多数现象一样，指数产品总是来也匆匆，去也匆匆，这确实具有讽刺意义。对冲基金指数、微型股指数、红利指数、商品指数、中国指数以及增强型指数（enhanced index，在追踪标的指数的同时，借助其他分析工具或金融产品来试图获得超过标的指数的收益，即狭义上的积极指数化）无不昙花一现。这些指数之间的共同之处，可以归结为以下三点：追随业绩、追随业绩，还是追随业绩。

"如果你信任指数化投资，那么你就应该知道，永远都没有白捡的钱。归根结底，所谓的增强型指数，不过是为了增加基金的收益而已。对于投资者而言，最重要的就是要盯住手里的钱，牢记指数化之所以成为指数化的根源——低成本、投资高度分散以及长期持有。当我们试图战胜市场的时候……为了战胜市场而耗费的成本，很有可能会让我们成为输家。"

现在，我们再来听听一家大型 ETF 赞助商的两位高管怎样说。首席执行官说："对大多数人来说，行业基金并没有什么意义……（不要）过分偏离市场的正常轨道。"首席投资总监说："如果只盯着某一点，把赌注下在某一投资领域和它狭窄的 ETF 上，将是一件很遗憾的事情，其风险相当于只投资于某一只股票……此时，你所承担的风险将非比寻常。也许他们是想做件好事，不过这是自作聪明之举……到底有多少人真正需要这样的投资产品呢？"

博 格 论 指 数 基 金

THE LITTLE BOOK OF COMMON SENSE INVESTING

10th

THE LITTLE BOOK
OF COMMON SENSE
INVESTING

第 16 章

承诺高收益

理性和历史的双重违背

当"新浪潮""革命""新因子""全新范式"等诱人字眼背后隐藏着"高风险""高成本"时,你还会选择"新型指数基金"吗?新因子指数基金都存在哪些劣势?

诺贝尔经济学奖获得者
威廉·夏普（William Sharp）

人们认为一种依据市值之外的标准去权衡股票的方案可以主宰按市值加权的指数，难以置信……新的范式就如同匆匆过客，转瞬即逝。和市场打赌（还要花掉大把钞票），绝对很危险。

事实证明,自第一只指数共同基金于 1975 年诞生以来,为长期投资者设计的传统指数基金不仅在商业上取得了巨大成功,更让投资升华成为一项真正的艺术。

基金公司为了赚钱,巧立新指数基金

在前几章中,我们通过计算,清楚地证明了指数基金在创造长期收益方面取得的巨大成功。它为投资者创造的长期收益,远远超过主动型共同基金所创造的收益。

有了技术的进步,它们在商业上实现的惊人业绩也就不足为奇了。尽管过了很长时间,但标准普尔 500 指数模型最初的原理经受住了考验。今天,传统指数基金中最大份额的资产,集中于追踪广义美国股票市场(标准普尔 500 指数或整体股票市场指数)、广义国际股票市场以及广义美国债券市场的传统指数基金。

这些传统指数基金的资产规模，已经从1976年的1 600万美元，增长到2017年的2万亿美元——相当于所有股票共同基金市值的20%。债券指数基金的资产价值也大幅增长，从1986年的1.32亿美元，增长到2017年的4 070亿美元——相当于所有应税债券基金市值的13%。2009年以来，传统指数基金的资产年均增长率高达18%，略高于它们的"表亲"ETF。

在许多方面，指数化已经成为一个竞争激烈的领域。大型传统指数基金经理每天都生活在惨烈的价格大战中，积极降低费率以吸引投资者，因为在这个领域，成本高低是决定投资成败的关键。

这种趋势对指数基金投资者来说很有利，但也让指数基金经理人的利润大打折扣，使得企业家不再试图开发新的基金产品，或是创建基金帝国[①]。

那么，指数基金的倡导者怎样才能充分发挥这些曾经给传统指数基金带来巨大成功的基本优势呢？答案就是创建新的指数和参与ETF盛宴！然后，他们宣称（或至少强烈暗示）：从今往后，他们使用的新指数策略将会持续超过广义市场指数，而广义市场指数几乎定义了人们如何考虑指数化。

ETF经理承诺较高的潜在收益，收取较高的费用，而不管这些潜在收益能否如实兑现。通过兜售获得超额收益的承诺，ETF的掌管者开始怂恿所有人，无论是投资者还是投机者。

---

① 先锋基金按成本法则运营，它在很大程度上依赖规模经济，而不是价格竞争，来降低向指数基金持有人收取的费用。

嘴上说着为投资者好，却掏走投资者收益

我们思考一下，传统主动型基金经理人的操作方法和 ETF 经理人的操作方法。

主动型基金经理人认为，打败市场组合的唯一途径就是远离市场组合。这也正是主动型基金经理殚精竭虑想做的。

但是就整体而言，他们不可能取得成功。因为他们的交易实际上只是把股票从一个投资者手里转移到另一个投资者手里。这些股票凭证来来去去，或许能让某个既定的买方或卖方从中受益，但最终只有这些金融经纪人会受益。

但是主动型基金经理可以从这个案例中获得巨大的经济利益：既然曾经成功过，他们就能在未来继续成功。反之，即使以前不够成功，那也只能说明，好日子正在前方等着他们。

然而，ETF 的倡导者不会要求任何预期。相反，他们中的大多数人信赖这两个策略之一：

◎ 提供投资者可以实时便利交易的广义市场指数基金（这看起来像是似是而非的要求）；
◎ 针对狭窄的市场版块的宽范围创造指数，使投资者可以反复交易，赚取超额收益（事实上，根本没有找到证据）。

所以，发生了什么？投资管理和组合策略的责任，从主动型基金经理身上转移到了主动型基金投资者的身上。这项关键性转变向

金融集市上的投资者发出了广泛暗示。我承认,我怀疑这项变化是否会使投资者生活得更好。

加权因子指数基金,看似很美却是水中月

大部分的新型被动指数投资者会选择 ETF 结构,因为这是一个容易进入的市场。近年来,"聪明 β" ETF(不管它究竟是什么意思)成为一个热门产品。

"聪明 β"的经理设立他们自己的指数——事实上,不是传统意义上的指数,而是积极战略家声称的一种指数。他们借助所谓的因子,专注于加权组合——股票也由类似力量决定其收益。他们没有按股票市值进行加权,而是专注于一个单独因子(价值、交易量、规模等),或者把公司收入、现金流、利润和股利等几个因素结合起来,构成加权因子。例如,"聪明 β" ETF 组合按各上市公司发放的股利而不是市值确定其在投资组合中的权重。

作为一个概念,它既不是一个可怕的想法,也不是一个会改变世界的想法。"聪明 β" ETF 经理依靠计算机分析,挖掘一只股票的历史数据,识别出容易打包成 ETF 的因子。这样做的目的是把寻求业绩优势的投资者的资产集中起来,为经理人创造大额的收益。

我在密苏里时就看穿了这些策略。当然,它只是看起来容易,实际上并不容易。持续超越市场是很困难的,部分原因是均值回归的力量会影响共同基金收益。**今天的制胜因子很可能会成为明天的**

失败因子。不认可均值回归的投资者极有可能会犯下大错。

伴随着 ETF 的一路崛起，回忆一下 1965—1968 年速利基金和 1970—1973 年"漂亮 50"的疯狂；流行风潮驱动着基金业创设产品。这些产品有利于基金发起人，但几乎总是有害于基金持有人。我要提醒你的是忠于时间的原则：成功的短期市场策略很少——可以说从未优于长期投资策略。

不出你所料——ETF 经理用来选择投资组合的基础因素，实际上都曾有过辉煌的表现，让传统的指数基金俯首称臣。（我们称之为"数据挖掘"[①]，你尽可以放心，绝对不会有人鲁莽到胆敢去推行一种从未赢过传统指数基金的策略。）但在投资中，过去很少预言未来。

这些"聪明 β"（晨星称之为"策略 β"）ETF 的资产暴涨——从 2006 年的 1 000 亿美元到当前超过 7 500 亿美元。

在 2017 年的前 4 个月里，它们在共同基金行业的现金流中显著占据了 27% 的份额。

与此同时，两个主要的"策略 β"因子——价值和成长——走出了"U"形轨迹。2016 年，价值指数上涨 16.9%，而成长指数只上涨了 6.2%。但到了 2017 年（截至 4 月），成长指数跃升了 12.2%，而价值指数则艰难地收获了 3.3% 的增长。是的，它们两个都是短期评价因子策略。但或许没有什么可惊奇的，这看起来好像是均值回归再次发起了攻击。

在这个新生代，"聪明 β"ETF 指数专家都会大言不惭地宣扬自己的未卜先知。他们总是变相地告诉大家：他们就代表着指数投

---

① 英文名 data mining，意为在庞大的数据中寻找出有价值的隐藏事件。

资的"新浪潮",一场将为投资者带来更多收益和更低风险的"革命",一种"全新的投资典范"。

实际上,相信基于因子指数的产品的人正在把自己描绘成哥白尼,那个曾经告诉我们太阳系的中心是太阳而不是地球的人。他们甚至把那些传统市值加权型指数的管理者比作固守托勒密地球中心论的古代天文学家。他们信誓旦旦地宣称:我们生活在一个指数化处于范式转换(paradigm shift)边缘的时代。过去 10 年里,"聪明 β"代表一次小型的范式转换,但连其最早的提倡者、所谓的"聪明 β 之父"最近也认为,"聪明 β"将会以"近似理性"的方式崩溃。(我保持怀疑。)

过分追求高收益必然招致失败

在过去 10 年里,起初的基本指数基金和第一只利息加权指数基金都有机会证明各自理论的价值。然而它们证明了什么?实质上什么都没有。表 16.1 提供了对比。

你会注意到,如果风险高过标准普尔 500 基金,基本指数基金就会获得更高收益。而利息加权指数基金获得收益较低且风险较低。当我们计算风险调整后的夏普比率(Sharp ratio)时,标准普尔 500 指数基金会超过二者。

三只基金的收益和风险具有相似性,这没有什么令人惊奇的。每一只都是持有相似股票的多样化组合——只是分配了不同的权重罢了。事实上,"聪明 β"ETF 的收益和标准普尔 500 指数基金的收益相关系数高达 0.97，所以这两种基金大可被划分为高定价的"封闭式指数基金"。

标准普尔 500 指数组合提供的是一种确定性，它的投资者将会赚取接近股票市场指数的总体收益。这两只"聪明 β"ETF 亦是如此，只是我们不知道。你应该问自己一个问题："在类似组合里，我更喜欢确定的收益，还是不确定的？安全是不是比后悔要好一些？"只有你自己知道答案。

表 16.1 "聪明 β"收益：10 年期结束，2016 年 12 月 31 日

指标	共同指数基金	多样化指数基金	标准普尔 500 指数基金
年收益率（％）	7.6	6.6	6.9
风险（标准差）	17.7	15.1	15.3
夏普比率*	0.39	0.38	0.40
和标准普尔 500 指数的相关系数	0.97	0.97	1.00

*注：一种风险调整方法。

如果一位执掌股票基金的主动型基金经理声称，有办法在高度（但不完美）有效的美国股票市场中挖掘额外的价值，投资者应该查阅其过往记录，思考其所用策略，然后再决定是否投资。

许多"聪明 β"ETF 经理实际上是主动型基金经理，但他们不会对外发表预期，除非这个预期能给他们带来信心，使他们相信某部分确定的市场（如分红股票）在可见的未来会战胜广义指数，但

那种论述违反了理性以及历史经验。

通过以整个市场为投资标的的传统市值加权型指数基金（如标准普尔500指数），你就可以坐享股市收益中属于你的那份蛋糕。事实上，它完全可以保证你在长期将市场上90%的投资者抛在身后。也许不同于我见过的其他新范例，这种以基础指数化为核心的新范例将成为超越市场的明星。

我奉劝投资者，**如果有哪种范例声称自己能比传统指数基金创造出更多的财富，那绝对是妖言惑众，你千万不要为之所动。**所以说，一定要牢记19世纪初的军事家、著名的普鲁士将军卡尔·冯·克劳塞维茨（Carl von Clausewitz）的话："一个好计划的最大敌人就是过分追求完美的计划。"把你的梦想放在一边，运用你的常识，坚持以传统指数基金为主导的好计划。

杰出投资者的 顶层认知

新因子指数基金
如同匆匆过客，转瞬即逝

尽管我很固执，但在这个问题上，我绝不孤独。哈佛大学著名经济学教授、前总统办公室经济顾问格里高利·曼昆（Gregory Mankiw）说："在这一点上，我肯定会把赌注压在博格身上。"

斯坦福大学经济学教授、诺贝尔经济学奖获得者威廉·夏普："人们认为一种依据市值之外的标准去权衡股票的方案可以主宰按市值加权的指数，难以置信……新的范式就如同匆匆过客，转瞬即逝。和市场打赌（还要花掉大把钞票），绝对很危险。"

新英格兰养老金顾问公司（New England Pension Consultants）的研究总监约翰·米纳汉（John Minahan）对此也忧心忡忡："基金经理的豪言壮语让我震惊：'在长期内，X 将无往而不胜。'谈起股利收益、收益增长、高质量的管理、定量因素以及诸多利好因素的汇集，他们总是乐此不疲——但是对 X 被市场系统性地低估却只字不提。这些基金也许可以找到和以往成功有关的数据，但无法解释 X 如何出类拔萃。这样的数据并不能让我相信 X 在未来依然能略胜一筹。"

博 格 论 指 数 基 金

THE LITTLE BOOK OF COMMON SENSE INVESTING

第 17 章

证券分析之父教诲

选择防御型投资

THE LITTLE BOOK OF COMMON SENSE INVESTING

1949 年,《聪明的投资者》问世,当时还没有指数基金,但格雷厄姆在书中所说的投资方式,恰恰就是指数基金遵循的理念,这种巧合是随机还是必然?

博格论指数基金 THE LITTLE BOOK OF COMMON SENSE INVESTING

巴菲特

对于绝大多数投资者来说，低成本的指数基金就是最合理的股票型投资基金。我的导师，格雷厄姆在很多年前就坚持这样的立场，而此后我所经历的一切，也验证了这个真理。

《聪明的投资者》第一版出版于1949年，这本书的作者就是当时最受欢迎、最受敬仰的财务管理大师，大名鼎鼎的本杰明·格雷厄姆。《聪明的投资者》被后人视为极具权威的投资巨作，它以独有的全面性、深邃的分析、独到的视角和超凡的远见，成为永恒的投资教材。

指数基金理念起源于格雷厄姆

尽管格雷厄姆以价值投资著称，而价值投资的核心便是寻找被他称为"廉价发行"的股票，但他仍然对此谨小慎微："主动型投资者必须对证券价值有全面深入的了解——要深入到足以把证券投资看作经营企业……那么，投资者首先就要认识到，大多数投资者应该选择防御型投资。"

为什么这么说呢？"（大多数投资者）根本没有时间、决心或是心理上的准备去接手这种准经营式的投资。因此，他们应该满足于防御型投资组合带来的合理收益，坚决抵制贪婪的侵袭，绝对不要被频繁出现的流行风潮所诱惑，更不要为了追求更高的收益而偏离原有道路。"**尽管人们在1949年的时候还想象不到指数基金，但格雷厄姆所说的投资方式，恰恰就是若干年之后指数基金遵循的理念。**

第一只指数型共同基金直到1974年才成立，距离《聪明的投资者》出版已25年，但格雷厄姆先生有先见之明，描述了设立基金的本质。（巧合的是，同样在1949年，我在《财富》杂志上第一次了解到共同基金，这启发我在1951年于普林斯顿就学时写了一篇关于共同基金的论文。在这篇论文中，我首次提出了指数基金的思想："共同基金不能宣称超越了市场平均收益率。"）

对于那些需要得到帮助的防御型投资者，格雷厄姆首先推荐了专业投资顾问："依靠合乎常理的投资经验……不会标榜自己智力超群，而是以细心、谨慎和能力为基础……他们的核心价值在于帮助客户避免代价惨重的失误。"

格雷厄姆还对过分依赖股票交易所的想法提出了警告，并指出："华尔街的经营者们仍然在摸索中追求着声誉和名望。"（半个世纪之后，他们依然追求着同样的东西。）

格雷厄姆还意味深长地指出，华尔街就是一个"依赖佣金而生存的生意场。在这个行当里，成功的秘诀就是为顾客提供他们所需要的东西，想方设法、不择手段地赚取金钱。即使按照数学规则已经近乎不可能，但只要有一丝希望，其就会乘虚而入"。1976年，格雷厄姆又把自己对华尔街金融从业者的观点表述为"令人厌烦……他们无休无止的吹嘘已经和笑话并无二致，经常演变为疯人院……就像是一个巨大的洗衣槽，因为只有那么一杯羹，于是每个人都不遗余力地去争抢别人的客户"。

管理大学捐赠基金的两位顶尖经理，哈佛大学捐赠基金前任经理杰克·梅尔和耶鲁大学捐赠基金的经理大卫·史文森也抱持同样的想法，我们在前面提到过他们。

在《聪明的投资者》第一版中，格雷厄姆建议投资者以主流基金来创建自己的投资组合。格雷厄姆认为，已经成型的共同基金应具有以下特征："管理者具有相应的能力，失误率远低于典型的散户投资者"，收费合理，买进并持有一定品种的普通股，以实现足够程度的分散化，从而稳定地行使其投资职能。

真正的财富不是靠交易，而是源于价值的增长

格雷厄姆对基金经理所能实现的收益的看法坦率而现实。在这本书中，格雷厄姆用 1937—1947 年的数据阐述了自己的观点。当时，标准普尔 500 指数的总收益率为 57%，而在不考虑销售佣金副作用的情况下，共同基金的平均收益率则是 54%。（物极必反：变化越大，就越是回到起点。）

格雷厄姆得出的结论是，无论是从正面还是反面来看，这些数字都不具备足够的说服力……总体而言，基金展现的管理能力，勉强能抵消费用负担和现金仓位的机会成本。对 1949 年来说，基金费

用和转手成本远远低于当前基金业的标准。随着近几十年基金收益逐渐为成本所吞没，我们可以认为，市场上的数字只能在我们不愿意看到的方向上表现出真正的说服力。

到 1965 年，对基金能在降低成本的基础上达到市场收益水平的说法，格雷厄姆的信心多少有些动摇了。他在此后出版的《聪明的投资者》中指出："管理不善的基金只能在短线投机以造就虚幻的巨额利润，这些原本不存在的收益最终将不可避免地化为灾难。"他指的是 20 世纪 60 年代中期所谓"暴富时代"的基金。

"这些曾经百战百胜的新生代声称拥有超人的秘诀……这些聪明伶俐、精明强干的年轻经理们信誓旦旦地向投资者承诺，他们可以用别人的钱创造奇迹……（但）最终无一例外地让投资者叫苦不迭。"对于 1998—2000 年"新经济"成就的牛市泡沫来说，格雷厄姆的这番话再适合不过了，因为此后股市一路狂跌，市值缩水了 50%。

格雷厄姆给投资者的教诲是永恒的，即便在今天，我们这些聪明的投资者也可以从中汲取无尽的养分。

格雷厄姆在《聪明的投资者》第一版中清晰无误地告诉我们："**在投资中，真正的钱是创造出来的——就像我们最初用汗水赚到的那笔钱一样，真正的财富不可能来自买卖，只能源于买入证券并长期持有，收取利息和红利，从而实现价值的增长。**"

格雷厄姆的这个思想贯穿全书始终，也体现在本书第 1 章戈特罗克家族的故事中，也反映在本书第 2 章经营市场与预期市场间的区分上。

坚守多元化投资策略，获取属于自己的蛋糕

买入并永久持有一个多样化的证券组合，然后耐心地通过收取股息分红而实现价值成长。格雷厄姆推荐的全市场指数基金，实质上不就是一种涵盖整个股票市场的基金吗？他告诫投资者"严格坚守标准，采取谨慎甚至是毫无想象力的投资形式"，不就是神奇地呼应了股票市场指数型基金的概念吗？他建议防御型投资者"重视多样化而不是选择个股"的时候，难道不就是在预示今天的股票指数型基金吗？

1976年，晚年的格雷厄姆在一次采访中坦言：个别投资经理试图战胜市场的企图，注定以失败告终。（巧合的是，格雷厄姆接受这个采访的时间，几乎与世界上第一只指数基金的发行时间同步。该基金为"第一指数投资信托基金"，也就是现在的先锋500指数基金。）在被问及"基金经理推荐的基金的平均收益率能否在以后超过标准普尔500指数"的时候，格雷厄姆的回答斩钉截铁："不可能。"随后，他又对此加以解释："即便有可能的话，也只能说是股票市场专家这个群体打败了他们自己——这在逻辑上是矛盾的。"[1]

当被问及投资者是否应该满足于赚取市场收益的时候，格雷厄姆的回答是："是。"多年以来的实践表明，获得股票市场收益中属于你自己的那份蛋糕，就是一种成功的投资策略，这也是贯穿本

---

[1] 没有任何证据能说明，职业投资者能比业余投资者实现更高的投资收益率，同样，任何机构投资者（包括养老金基金经理和共同基金经理）也不可能系统性地超越其他机构投资者。

书始终的一个主题。而只有标准的指数基金才能保证你能拿到这份蛋糕。

最后,提到对指数基金的反对意见——每个投资者都有自己的要求——格雷厄姆的回答同样斩钉截铁:"归根结底,这不过是我们自我安慰的陈词滥调,或是为以往的平庸业绩寻找托词而已,每个投资者都希望自己的投资有个好收成,他们有权利获得自己应该得到的那份收益。我认为投资者没有任何理由接受低于指数基金的投资回报,更没有理由为如此低的收益支付这么高的费用。"

在我们的心目中,格雷厄姆这个名字始终和"价值投资"联系在一起,他的名字几乎成了"价值投资"和"寻找低估值证券"的代名词,但是,他的经典著作带给我们的却远不止于此。它不仅告诉我们如何通过深入全面的证券分析,去选择超一流的股票,还告诉我们要更多地关注制定投资组合策略的基本原则——直截简明的多样化以及理性的长期预期原则。这也是《聪明的投资者》这本书的两大主题。

超额收益必承担额外风险,且增加交易成本

格雷厄姆还深刻地意识到,过去按他的投资原则所实现的超额收益,未来将很难复制。在 1976 年的那次采访中,格雷厄姆做出了明显的让步:"我不再提倡通过证券分析技能寻找一流投资机会的观点。尽管在 40 年前,这是对投资股市非常有利的做法,但今天的市场形势已经大大不同。以前,一个受过良好教育的证券分析师可

以通过详细地研究，轻而易举地找到被市场低估的股票；今天仍然有不计其数的人在做着相同的事情，但是，他们能否让自己的努力不付诸东流，能否找到真正的超额回报以弥补与日俱增的成本，我对此持怀疑态度。"

我们有足够的理由认为，按照格雷厄姆的评判标准，在当今的共同基金中，由于居高不下的成本和投机性的行为，绝大多数基金不可能实现对投资者的承诺，因此，传统的指数基金越来越受到投资者的追捧。

原因何在呢？在于它的有所为（为投资者提供最大程度的多样化投资组合）和有所不为（永不收取高昂的管理费用），以及不涉足频繁的股票交易（降低换手率）。所有这一切都诠释了格雷厄姆对投资者的教诲。这不仅是格雷厄姆的座右铭，在他看来，这也是绝大多数投资者在遵循防御型投资原则时应该永远牢记的座右铭。正是格雷厄姆的常识、智慧、清晰的思维以及对金融史的认识，再加上他对长期投资这一原则的坚定不移，构成了他的全部投资哲学。

这些思想对后人来说是一笔不朽的财富。他把自己对投资者的告诫归纳为："幸运的是，对于普通的投资者来说，要获得成功，并不需要他们具备很多历经沧桑才能拥有的品质，比如勇气、知识、判断力或经验……事实上，他们只要保持一颗平常心，不要让自己的野心无限膨胀，以至于超出自己的能力，同时，采取标准的防御型投资，把自己的投资局限在安全而有限的范围之内，成功就指日可待了。实现令人满意的投资回报要比大多数人想象的简单，但是要实现超额收益就比我们看到的要艰难得多了。"

既然通过指数基金就可以轻而易举地捕获市场收益——事实上，其简单程度几乎难以置信，那么，**你也就没有必要为实现超额收益再去承担额外的风险，无端地耗费成本**。凭借他的远见卓识、平凡却难得的常识、冷静的现实主义思维以及非凡的智慧，我完全有理由相信，格雷厄姆肯定会对指数基金拍案叫绝。的确如此，你马上就会读到沃伦·巴菲特的证词，这就像他的行为一样精准。

杰出投资者的 顶层认知

格雷厄姆、巴菲特都推崇指数基金理念

格雷厄姆言简意赅的评论似乎就是对低成本、全市场指数基金的认同,但是,我希望读者不要轻信我的一面之词,还是先听听格雷厄姆的嫡传弟子兼合作伙伴巴菲特的评价吧。在最后一版《聪明的投资者》中,格雷厄姆甚至用"无价之宝"这样的辞藻来感谢巴菲特提出的建议和支持。1993年,巴菲特也毫不讳言地对指数基金大加赞赏。2006年,他更进一步,不仅再度重申了自己对指数基金的认同,而且还亲自向我确认,早在几十年前,格雷厄姆本人就已经认可了指数基金的价值。

2006年,巴菲特先生在一次晚宴上当面告诉我:"对于绝大多数投资者来说,低成本的指数基金就是最合理的股票型投资基金。我的导师,格雷厄姆在很多年前就坚持这样的立场,而此后我所经历的一切,也验证了这个真理。"对此,我只能引用电影《阿甘正传》中阿甘的话:"这就是我要说的了。"

博 格 论 指 数 基 金

THE LITTLE BOOK OF COMMON SENSE INVESTING

第 18 章

资产配置 I

构建组合的普遍原则

为什么说资产配置没有唯一的答案，不同的人要根据自身的情况构建组合？为什么股债配置比例与自己的风险容忍度保持一致，才是适合自己的方案？

博格论指数基金 THE LITTLE BOOK OF
COMMON SENSE INVESTING

《巴菲特资产配置法》(*The Little Book that Still Saves Your Assets*) **作者**
戴维·M. 达斯特（David M. Darst）

　　挑选合适的骑师来引导好你的马群，对于成功实现你的长期规划至关重要。不管你是想获得预期的特定资产收益，还是想从长远角度获得超过这个收益，你都需要给每匹马配上合适的骑师。

在本章和下一章中，我们来解答两个复杂问题：资产配置的普遍原则和专门为退休设置及配置的基金。

关注股债配置比例，少考虑具体基金

为什么？首先，投资者拥有比较宽泛的投资目标、风险承受能力和行为特征。其次，过去40余年里，我们在股票和债券市场上收获了非凡的收益，但这在未来将难以为继（见第9章）。最后，从真正意义上来说，投资类图书作者是我们已共同经历过的那个年代的"产物"。例如本杰明·格雷厄姆在1949年写作《聪明的投资者》时，他从来没有经历过债券利息超过股利的年代。与之相对的是，我在2017年写作本章时，已见证了股利连续60年没有超过债券利息。这样的反转，看起来也算是一场公平的游戏。

因此，不要再回首过去，也不要钻进大量过往收益和风险的数据里面淘金了。我将要阐述的原则，是你在当前情况下拿来就能用的。无论你是在工作期间积累资产，还是等到退休以后从资产中提现，我都希望能够帮助你建立一个适合你的未来资产配置计划。

格雷厄姆坚信，你的第一个投资决策应该如何配置你的投资资金：你应该持有多少股票，多少债券？格雷厄姆还认为，这很可能是你投资生涯中最重要的战略决策。1986 年，一项标志性学术研究证实了他的观点。

研究发现，资产配置导致机构养老基金的收益差异达到令人吃惊的 94%。这个数据差异表明，长期基金投资者应该将更多投资资金集中到股票基金和债券基金的配置中，同时少去思考持有哪只具体基金的问题。

配股比例应与自己的风险容忍度一致

我们应该从哪里开始呢？那么，就让我们从格雷厄姆 1949 年出版的经典著作《聪明的投资者》中关于资产配置的建议开始吧。

> 我们建议的基本指导原则是，投资者持有的普通股不应少于 25% 或超过 75%，在债券上则反过来应用，即 25%～75%。我们可以简化为，这两种主要的投资品类的标准配置比例应该是一个等式，即 50∶50。
>
> 除此之外，对于一个真正的保守型投资者来说，当组合里有一半的资产处于上涨市场中时，他会感到满足；相反，

如果处于暴跌市场中时，他则会得到安慰［拉罗什富科（La Rochefoucauld）①］，因为他比许多冒更大风险的朋友们好过太多了。

对当前的投资者和他们的顾问来说，50%股票与50%债券的配置——在75%股票与25%债券到25%股票与75%债券的范围——可能看起来会更加保守。但在1949年格雷厄姆写作他的书时，股利是6.9%、债券利息是1.9%。如今，股利是2.0%，而债券利息是3.1%——不同的市场环境决定了应该配置多少股票和多少债券②。

这种差异可以总结为两个重要的点：

◎ 50%股票与50%债券的组合产生的利息总收入已经下降了40%，从4.4%下滑到2.6%；
◎ 利率表经历了上下波动的过程，股票市场在1949年派发的年股利率是5.0%（惊喜吧！），但到了2017年竟然下降到1.1%。

我在1993年写作的《共同基金常识》一书中，讨论了格雷厄姆的哲学。我给投资者的建议是，在他们人生的积累阶段，靠工作获得财富，专注于股票和债券组合，年轻投资者可以配置80%的

---

① 意思可参考这条格言："我们每个人都有足够的勇气忍受他人的不幸。"
② 债券利息通过这样的组合计算得出：一半企业债券（利息3.9%）和一半美国10年期国债（利息2.3%）。

股票和20%的债券，年纪大的投资者可以配置70%的股票和30%的债券。对于开始筹划退休配置计划的投资者，年轻投资者可以配置60%股票与40%债券，年纪大的投资者可以配置50%股票与50%债券。

尽管当前的利息和收益率都显著偏低，又经历过格雷厄姆时代的大牛市以及后续的几次颠簸（包括1973—1974年和1987年的股市崩溃、2000年的互联网泡沫破灭、2008—2009年的全球经济危机），但格雷厄姆当年阐述的普遍原则仍然适用。他建议的资产配置比例，仍是明智投资计划的坚实起点。

两个基本因素决定了你应该分配多少资产在股票和债券上：

◎ 你承受风险的能力；
◎ 你承受风险的意愿。

你承受风险的能力主要取决于以下几个因素的组合：你的财务状况、预期负债（例如退休后支出、子女或孙子女的大学学费、住宅分期款），以及偿还这些负债需要的时间区间。通常，如果这些负债发生在相对久远的未来，你就可以承受较多风险。简单来讲，只有为偿还负债积累更多资产，你承受风险的能力才会提高。

你承受风险的意愿则完全是个人偏好问题。有些投资者能从容面对市场涨跌，不会为此担忧；但如果你因为担心组合波动，而无法在夜里安然入睡，那么你或许在承受着超过自己意愿的风险。综合考虑，你承受风险的能力和承受风险的意愿构成了你的风险容忍度（risk tolerance）。我们从一个适用于财富构建和积累资产的基础配置模型开始。

- 通过不断投资来积累资产的投资者可以承担更多风险，意味着其态度更加进取；反之，那些资本相对固定，依赖收入，还要从中提取日常生活开销的投资者，态度则更加保守。
- 比较年轻的投资者拥有更多时间让复利效应发挥作用，因此可以适当保持进取；而年纪较大的投资者可能更希望选择保守的路径。

格雷厄姆的配置建议是合理的。我的建议虽有些类似，但更加灵活。你持有的普通股比例应该和你的风险容忍度保持一致。举例来说，**对于正处于长期积累财富阶段的年轻人，我建议其资产配置中的股票占比是全部资产的 80%。**

我建议，年纪较大的投资者在退休以后，最少要持有 25% 的股票。这类投资者应该更加关注短期结果，而不是未来能实现多少收益。

他们应该知道，收益波动性也是衡量风险的一项不完美指标。更有意义的风险评估，是可能会为了生活开销必须变卖资产，如果这发生在熊市，变卖所得甚至会低于初始成本。对于投资而言，绝对不存在任何保本保证。

聪明投资者的四项抉择

作为一名聪明的投资者,你必须做出与资产配置计划有关的 4 项决定。

第一个,也是最重要的决定是,你必须做出战略性选择。

在配置股票和债券时,每个投资者都应该顺应独特的需求和环境,做出明显不同的决定。

第二个不可避免的决定是,坚持固定比例还是因收益而变化的比例。

固定比例(定期平衡初始资产配置比例)是一个聪明的选择,可以限制风险,可能是大多数投资者的较好选择。然而,不进行平衡的组合可能会贡献更高的长期收益。

第三个决定是,是否引入战术配置因子,依据市场环境变化调整股票和债券的配置比例。

战术配置因子也有自身的风险。调整股票和债券的比例可能会增加价值,但也可能(我认为,更可能)不会增加价值。在我们这个不确定的世界里,应尽量少进行战术调整,因为它暗含着一个我们几乎不具备的确定性预期。总之,投资者不应该参与战术配置。

第四个重要的决定是,专注于主动型共同基金还是传统指数基金。

现在已有清晰又令人信服的证据指向指数基金策略。

上述四项决定需要聪明的投资者进行艰难、严苛的选择。带着体贴、细心和审慎,你就可以做出聪明的选择。

成本，还是成本！再怎么重视都不过分

是的，你的投资组合在股票和债券之间的配置，可能会是影响你财富积累的一个重要决定。几乎没有投资者意识到基金成本和资产配置之间的重要关联。

成本较低的投资组合，即使股票配置的比例较低（风险也较低），其收益也可能等同或超过股票配置比例较高（风险也较高）的投资组合。只要低风险投资组合的投资成本显著低于高风险投资组合的投资成本，就能达成这项目的。

这个简单的例子或许可以为你提供帮助，见表 18.1。

表 18.1　通过降低成本，你可以在较低风险情况下获取更高收益

（%）

指标	高成本主动型基金			低成本指数基金		
	股票	债券	组合效果	股票	债券	组合效果
配置	75	25	—	25	75	—
总收益	6	3	5.25	6	3	3.75
成本	2	1	1.75	0.05	0.10	0.09
净收益	4.0	2.0	3.50	6.0	2.9	3.66

在这里，让我们假设一个投资者持有 75% 股票和 25% 债券，预期股票年总收益率是 6%，而债券年总收益率是 3%。投资者如果采

用主动型基金,则股票与债券基金的年度总成本分别是 2% 和 1%。如此,这个组合的预期净收益率可能是 3.50%。

假设前述的股票和债券的比例不变,如果有一个更加保守的投资者,持有着股票与债券比例为 25 ∶ 75 的组合——刚好与前项配置相反。假如这个投资者用费率 0.05% 的股票和费率 0.01% 的债券组成的低成本指数基金替换掉那些高成本的主动型共同基金。再平衡指数组合后,这个组合的预期年净收益会实质增长到 3.66%。

在这个例子里,简单地把多余成本从等式中移除,25% 股票与 75% 债券的组合就能超过 75% 股票与 25% 债券的组合。指数基金改变了资产配置的传统智慧。

请注意成本!风险溢价和成本陷阱,向来处于对峙状态,必须在平衡组合里的股票和债券的过程中找到解决方案。是时候进行这个程序了。我再说清楚一些:我不建议你降低股票配置比例,你只需要用低成本指数基金替换高成本主动型基金。我建议你,如果你的资产组合里有主动型股票和债券基金,你正在支付远高于低成本指数基金的费用,你就应该考虑怎样做才能产生最多的净收益。简单地算一算吧。

资产配置没有唯一答案,自己舒适就好

构建一个精明的资产配置策略并非精确的科学。我们的表现可能远远比不上格雷厄姆所主张的中心目标。他建议人们采用的配置方式十分简洁,即 50% 股票与 50% 债券,或 75% 股票与 25% 债券

到 25% 股票与 75% 债券之间的组合，除此之外再无其他。

资产配置不需要十分精确。这也与投资人的判断力、期望、恐惧以及风险容忍度等因素密切相关。对于投资者来说，没有万无一失的策略可供使用，甚至连我有时都会担心自己的投资组合的配置。

在下面的这封信件里，我向一位年轻的投资者解释了我所关心的几个议题。他正在尝试给自己的组合设置一个合理的资产配置，也担心我们这个脆弱的世界和持续变化的社会将来可能发生灾难。

> 我相信，美国经济将持续增长很长时间，股票市场的内在价值将反映出经济增长。为什么？因为内在价值由股利收益率和收益增长创造，从历史上看，股票市场和按国内生产总值统计的经济增长的相关系数是 0.96（接近 1，完美的相关）。
>
> 当然，股票价格增长到内在价值以上（或下降到内在价值以下）需要时间。这很可能正是估值过高的时候（或者，我们永远无法确定）。长期来看，市场价格总是（最终）会回归到内在价值。我相信（和巴菲特一样），那正是一个总体理性的途径。
>
> 大量风险——有些可知，有些不可知——当然存在。你和我只能知道这么多（或这么少），就像其他人一样。我们只能依靠自己，评估可能性和结果，但如果我们不投资，就什么也得不到。
>
> 我自己的组合持有约 50∶50 的指数股票和债券，大部

分属于指数型的短期和中期工具。我对于这样的配置感觉十分舒适。我也承认，我有一半的时间是在担忧持有太多股票，而另一半时间是在担忧持有股票不够多。总而言之，毕竟我们都是凡人，在无知的迷雾中摸索，只能依靠我们的机遇和常识，建立一个合适的资产配置。

请允许我改述丘吉尔先生关于民主制度的名言："我的投资策略是我见过的最糟糕的策略……除了其他曾尝试过的每一种策略之外。"我希望这条评论能够帮上一些忙。

祝你好运！

约翰·博格

最后，我祝福阅读本章的朋友们好运。资产配置问题根本就没有唯一的简单的答案，所以我们只有尽己所能，力求将自己的资产配置做到最好。

THE LITTLE BOOK
OF COMMON SENSE
INVESTING

第 19 章

资产配置 2
制定退休规划

一种简单的平衡型基金：60% 股票和 40% 债券，为何其能在四分之一个世纪里持续成功？在引入复杂、低效、低概率的风格之前，投资已十分困难，何不选择简单、高效、高概率的博格模型？

博格论指数基金　THE LITTLE BOOK OF
　　　　　　　　COMMON SENSE INVESTING

《杰出投资者的顶层认知》（*Beyond Diversification*）作者
塞巴斯蒂安·佩奇（Sébastien Page）

　　在构建投资组合这个问题上，投资者面临的最关键问题或许就是他们需要为实现目标承担多大风险，相应调整股票和债券投资组合的比例。要回答这些与生命周期有关的投资问题，目标日期基金可以为我们提供有价值的参考。

我在 1993 年写作的《博格谈共同基金》一书中，讨论了投资者可以使用的多种资产配置策略，并提出"少即是多"策略的可行性——一种简单的主流平衡基金（例如指数），拥有 60% 美国股票和 40% 美国债券。这种配置提供了广泛的多样性，并以极低成本经营，使你的所有组合仿佛是由投资咨询公司在管理一般。

较长投资周期，配置 100% 指数基金

1992 年，我决定在先锋公司构建一个 60% 股票和 40% 债券的平衡指数基金。回顾后来的 1/4 个世纪，这只基金仍然极其成功，见表 19.1。我们看一看这只平衡型指数基金的优异记录。在 25 年的存续期内，其他同类型基金的年均收益率是 6.3%，而这只基金的年均收益率达到 8%，年均领先 1.7 个百分点。这个差额经过复利计算，积累了 202 个百分点的收益。

表 19.1　低成本平衡型指数基金组合和高成本同类型基金对比，1992—2016 年

（%）

基金类型	收益		费率
	年均*	累计	
平衡型指数基金	8.0	536	0.14
一般的平衡型共同基金	6.3	334	1.34
指数优势	1.7	202	1.20

*注：年收益的回归系数为 0.98。

这只平衡型指数基金的很大一部分优势来自低成本——仅仅 0.14% 的费率，而其他平衡型共同基金组合的费率是 1.34%。这项费率优势和它的年收益率与其他同类型基金相比的优势具有显著的相关性，相关系数达到 0.98（1 表示完全相关）。

这给了我们足够的理由期望在接下来的年份里，这只平衡型指数基金能再度超越同类基金。

是的，一位投资者在这段时期里，通过持有一只低成本标准普尔 500 指数基金能够获得较好的投资结果，年均收益率达到 9.3%，而平衡型指数基金的年均收益率则仅为 8.1%。在遭遇困境时，平衡型指数基金可以提供特殊保护。2000—2002 年，标准普尔 500 指数暴跌 38%，而平衡型指数基金仅下跌了 14%。2008 年，标准普尔 500 指数下跌 37%，指数基金仅下跌 22%。

如果投资者拥有较长的投资周期、过人的毅力和勇气，且不会被市场的周期性崩盘吓倒，那么，他就应该把资产全部（100%）配置到标准普尔 500 指数基金中。可能在几乎所有的时间里，这都是他的最优选择。（它的优势罕见地保持了近 25 年，然而，我估计未来这样的预期可能会出现较大的偏差。）

但是如果你时间有限，或者害怕股市波动，一看到"海浪波涛汹涌"就想清算你的股票持仓，那么，应用"设计好配置并持有到底"策略，持有 60% 股票与 40% 债券的固定比例配置的平衡型指数基金便是一个值得认真考虑的选项。

根据自己年龄，弹性构建投资组合

对于已经退休的投资者，我找不到任何理由支持他违背格雷厄姆在多年前给投资者的建议。前面的章节里讲到，基础配置由 50% 股票和 50% 债券构成，两项资产的配比可以在 75% 股票和 25% 债券到 25% 股票和 75% 债券的范围内调整。可以承受较高风险、寻求财富增值的投资者或继承人，可以提升股票的配置比例；风险承受力较弱的投资者，如果愿意牺牲高额收益以换取充分的心灵平静，则可以降低股票的配置比例。

我时常被当作倡导者，鼓吹简单又看似严谨的资产配置方案：你的债券比例应该等于你的年龄，其余的资产则应投资于股票。这样的资产配置策略可以很好地满足多数投资者的需求，但这只是仅供参考的经验之谈，便于人们从此开始进行思考。它所基于的理念是，我们年轻时只有有限的资产可以用来投资，不需要资产性收入，对风险有较强的承受能力，相信长期股票能比债券带来更多收益，因此我们持有的股票比例应该超过债券。

但当我们年纪大了、退休了，我们中的大多数人应该已积累了一个相当规模的投资组合。这时，我们开始厌恶风险，更愿意牺牲大量的资本增值，也更加依赖过去60年中收益率更高的债券。在这种情况下，我们持有的债券比例应该多于股票。

我根本不想机械地应用这个基于年龄的经验法则。例如，年轻投资者得到第一份全职工作并开始投资时，可以将100%的资产配置到股票，而不是75%。

对于一个百岁老人，股票配置比例为0的策略似乎也不靠谱。随着时间的推移，我们的社会会有越来越多的百岁老人。对于这类投资者，持续卖出股票资产、降低股票资产配置比例可能没有什么意义，尤其是考虑到卖出有增值潜力的股票时还要支付不菲的资本利得及相关税金。

我们应该根据常识来弹性调整与年龄相关的配置计划。有许多研究提供了类似的（更精确，也更复杂的）资产配置策略，但它们经常存在一个共性的缺点：它们都是基于债券和股票过去的收益，而这一切看起来不会在未来10年里重复发生。

筹划退休收入的所有可行途径

账单可以传递给我们更多的信息。当我们的年纪越来越大，对赖以为生的人力资本的依赖程度会越来越小，而对投资资本的依赖程度会越来越大。

最终，我们退休时最重要的是，保障生活的收入流——我们投资共同基金收到的股利以及社会养老保险支付的津贴。

是的，我们资本的市场价值非常重要，但经常关注投资的市价不仅不会提高投资的效率，反而会有损效率。我们真正应该关注的是我们退休后的收入是否稳定。如果有可能，它应该和通货膨胀保持同步增长。

社会养老保险津贴完全符合这个标准，而且其风险有限。一个平衡的共同基金组合能够有效地补充（或被补充）社会养老保险津贴。约有一半的平衡型组合收入来自债券利息，另一半来自股利，且大部分来自大盘股。标准普尔500指数自1926年创立的90年来，股利也在逐年增加。

社会养老保险津贴和指数基金的股利[①]（资本取出时的必要补充）结合，可能会构成用退休资产提供按月收入的有效途径。尽管大多数股票共同基金设置了按月定期支付计划，但仅有极少数股票共同基金会按月支付股利。

股票和债券的股利收益接近历史低位（股票收益为2%，债券收益为3%），再加上共同基金费用的负面作用，主动型共同基金的股利收益就更低了（见第6章）。如此低的股利收益必然不可能满足多数投资者退休后的收入需求，因此，投资者必须更加严谨地进行

[①] 见表6.1，主动型基金赚取的大部分（但不是全部）股利收益被征没了。指数基金则没有。

规划，筹划构成自己退休收入的所有可行途径：一部分依靠基金派发的股利，而另一部分则要靠定期定额领取的退休津贴。

配置海外资产要慎之又慎

在过去 10 年里，获得认可的传统的由债券和股票指数构成的双基金组合模式，很大程度上已被三基金组合模式取代：33%投入债券指数基金，33%投入美国股票指数基金，余下的33%投入非美国股票指数基金。

可以简单地从这样的三基金组合配置中看出，这个全球化组合已被投资顾问和投资者广泛接受。这类组合本质上是建立在囊括全球所有国家股票市场的基础之上的。

在我 1993 年所著的《共同基金常识》一书中，我建议投资者不要在自己的投资组合里持有非美国股票，在任何情况下都不要配置超过 20%的资产到非美国股票上。

我认为，持有美国的股票组合，就可以满足大多数投资者，甚至是每个人的需求。有评论说："分散化投资组合如果忽略了非美国股票，那么其中被放弃的任何一只标的，难道不就像标准普尔 500指数放弃了科技股一样吗？"

我不认同上述说法。美国人赚取美元，消费美元，储蓄美元，为什么要去承担外汇风险呢？美国的机构不比其他国家的更加强大吗？美国公司贡献的收入和利润不是已经有一半来自海外吗？起码美国的国内生产总值不会输给其他国家，甚至更高，难道不是吗？

不管出于什么原因，我的建议都收到了良好的效果。1993年以来，美国标准普尔500指数的年均收益率高达9.4%（累计707%）。非美国组合——我在这里指的是明晟（MSCI）欧洲、澳洲或远东指数（EAFE）——年均收益率为5.1%（累计216%）。

也就是说，美国股票市场在过去超过25年的时间里都获得了相对优势。现在可能开始反转，非美国股票市场相对较差的业绩在相当长的时期里会更具估值吸引力，但谁真的知道呢？因此，你必须自己考虑这种可能性，并且做出自己的判断。

首选低成本、基于指数的目标日期基金

股票和债券比例固定的平衡型指数基金的目标是，缓解市场变化给投资者配置资产带来的压力。我稍后给出的（明确的）结论是，设定60%股票和40%债券的平衡型组合，或许是投资者寻求风险和收益平衡的最合理比例，但它未必适用于所有投资者。那么，为什么不使用其他比例配置基金呢？

因此，从1994年开始，先锋基金提供了4种"生命策略"基金（见表19.2）——成长型（80%股票）、中等成长型（60%股票）、保守成长型（40%股票）和收入型（20%股票）。每一种基金配置的股票包括60%美国股票和40%非美国股票；每一种基金配置的债券包括70%美国债券和30%非美国债券。

"生命策略"基金可不是平衡型基金的简单优化。在过去的10多年里，投资者对目标日期基金（TDF）的胃口大增。这些基金拥

表 19.2 各种平衡型基金的资产配置

基金类型	平衡型指数	"生命策略"成长	"生命策略"中等成长	"生命策略"保守成长	"生命策略"收入	预期退休时间2060年	预期退休时间2055年	预期退休时间2050年（%）
美国股票	60	48	36	24	12	54	54	54
非美国股票	0	32	24	16	8	36	36	36
股票总量	60	80	60	40	20	90	90	90
美国债券	40	14	28	42	56	7	7	7
非美国债券	0	6	12	18	24	3	3	3
债券总量	40	20	40	60	80	10	10	10

基金类型	预期退休时间2045年	预期退休时间2040年	预期退休时间2035年	预期退休时间2030年	预期退休时间2025年	预期退休时间2020年	预期退休时间2015年	预期退休收入来源占比
美国股票	54	52	48	43	39	34	27	18
非美国股票	36	35	32	29	26	23	18	12
股票总量	90	87	80	72	65	57	45	30
美国债券	7	9	15	20	25	32	42	54
非美国债券	3	4	6	8	11	12	14	16
债券总量	10	13	21	28	36	44	56	70

有股票和债券的多样化组合,其资产配置也随着到期日的临近逐渐变得保守,而到期时间通常被设定为投资者的退休日期。

退休目标日期基金是目前极受投资人欢迎的产品,持有 10 亿美元左右的资产。基本上,这种基金的理念,就是随着未来债务融资的需求越来越近,使用债券替换股票。另外,它也适用于其他投资目标,比如孩子的大学学费。应用简单是目标日期基金流行起来的原因之一,你需要做的只是估计自己多少年后退休或者你的孩子在多少年后上大学,然后选择最接近的目标日期基金。它的理念侧重于"设置然后忘记"。

无论是拥有投资计划并启动投资的投资者,还是希望使用简单的策略规划退休的基金投资者,TDF 都是一个明智的选择。

但随着资产增长,你个人的资产负债表和投资目标将变得越来越复杂,这时,就值得考虑使用专属的低成本股票和债券指数基金构建组合。

如果你选择投资 TDF,我鼓励你先"看一看幕后的东西"。(这向来是一个好主意!)比较 TDF 的成本,留意它们的基本构成。有很多 TDF 持有主动型基金,但另一些 TDF 持有低成本指数基金。

你一定要清楚自己的 TDF 组合里包含了什么以及你为此支付了多少费用。主要的主动型 TDF 平均收取 0.70% 的年费率;指数型 TDF 收取的年费率是平均 0.13%。

我相信低成本、基于指数的目标日期基金很可能会是你的最优选择,这已经是老生常谈了。

社会保险在组合里扮演着重要角色

无论你选择哪种对你最有利的资产配置策略,都应该非常重视社会保险。这对于多数退休人士来说,是主要的收入来源之一。事实上,大约93%的美国退休人士会领取社会保险津贴。在拟定资产配置决策时,多数投资者都应该把社会保险视作债券类的资产。

社会保险在你的组合里扮演着十分重要的角色。我举一个实例进行说明。对于一个62岁的美国人来说,预期平均剩余寿命约为20年。因此,假设一位62岁的投资者将支取20年的社会保险,另外假定这位投资者的最终年薪是6万美元,并可以每月立即领取1 174美元。如果我们使用当前通货膨胀调整后的国债利率折现,这位投资者的社会保险资本价值大约是27万美元。

但是因为这个价值到退休人员去世后就会注销,我们不妨给其一个任意的折扣,比如1/4,如此修订后的价值是20万美元。(稍后,我们回头继续讨论社会保险的议题。)现在,我们假设这位投资者持有一个市值100万美元的共同基金组合,他使用格雷厄姆经典的50:50配置策略。如果忽略社会保险,这位投资者将分别在股票和债券上配置50万美元。(不过,我们真的不应该忽略社会保险。)

如果把社会保险的推算价值20万美元加入这位投资者的组合里,总计为120万美元。由于加上了额外的社会保险,组合里的债券类资产价值上升到了70万美元,占比58%,而股票占比42%。

为实现真正的50:50配置策略,这位投资者应该配置60万美元股票和60万美元债券(含40万美元债券和20万美元社会保险)。

目标日期基金通常会忽视社会保险收入，导致投资者持有的保守型组合超过他们的预期。TDF 可能会忽略社会保险的债券性质，但你不应该忽视。

注意：推迟领取社会保险津贴的做法，实质上提高了你后续收到的月度支付额度，但可能的代价是在过渡期内领不到任何社会保险津贴。请投资者自行权衡这方面的得与失，是选择最终可以领取较高的月度津贴，还是选择减少领取津贴的总体年限。

举例来说，这位投资者年收入为 6 万美元，从 62 岁起每月可以领取约 1 174 美元。如果把领取社会保险津贴的年龄推迟到 72 岁，则他每月领取的津贴额度会增加到 1 974 美元，显著增加了近 70%。

但是由于推迟 10 年领取社会保险津贴，这位投资者损失了总计 14.09 万美元的社会保险津贴额度。即便那时他的社会保险津贴更为丰厚，但也要用 14 年的时间才能弥补损失。

资产配置和支取要随环境而保持灵活性

为享受安全舒适的退休生活而积累财富，可能是大多数投资者的投资目标。具有税收优惠的退休储蓄工具，能够使目标的达成更加便利。当你确定要发挥退休账户的优势时，你必须选择最适合自己的一个账户或者一个组合。

下面是对在美国可以使用的、不同类型的退休储蓄账户的简单介绍：

固定缴款（DC）计划是许多雇主提供的，允许雇员（投资者）从薪水中划出一部分投入个人退休账户。401（k）是最常见的固定缴款计划，允许你以税前收入为基础，存一部分钱到退休账户中，存储额度通常要和雇主事先协商一个计算公式。你的资产的投资收益会在税收递延的基础上增长，直到退休后支取。通常也会设置一些条款，规定你可以在工作期间遇到经济困难时，申领贷款或提前支取款项。

其他组织的雇员也可以享受类似的计划：403（b）适用于非营利性组织，457计划针对完全非营利性组织、州政府和市政府雇员，节俭储蓄计划（TSP）适用于联邦政府雇员。

传统个人退休账户（IRA）适合任何赚取工薪的人。传统个人退休账户享受的税收优惠与DC计划类似——你缴纳的额度通常会获得税收减免，增值可获得税收递延，直到支取为止。每年的最高缴款额度通常是5 500美元。

简化版雇员个人退休账户（SEP IRA）适用于自由职业者和小企业主。税款政策与传统个人退休账户类似，但最高缴款额度会更高。

罗斯个人退休账户（Roth IRA）的税收政策不同于其他几种退休账户的政策。不对缴款额度进行扣减（全额征税），但退休后支取时是免税的——包括账户里累积的所有资产。不同于DC计划和IRA，罗斯个人退休账户里累积的资产永久免税。罗斯个人退休账户也可以给许多DC计划缴款。

罗斯个人退休账户对于许多新投资者来说，可能是一个较好的选择，但拥有传统 IRA 的投资者需要注意的是，向罗斯个人退休账户转移资金时需要补缴大量税收。这需要事先计算一下。

以当前约 3% 的债券利率和 2% 的股利来计算（这两种情况都没考虑主动型基金的高额成本），你的退休组合产生的收入很可能少于你的退休生活所需。

经过简单测算后，建议每年取出（包括收益和资产，每年根据通胀率调整）初始退休金年底净值的 4%，但这很可能无法覆盖你退休生活的全部开销。

如同预设的每年 4% 的取出比例，任何法则在实际应用时都需要变通。如果市场极端低迷，你取出的金额可能超过组合的支付能力，那么就要勒紧裤腰带，少取出一点。如果市场好转，你可以支取更多，甚至超出你的需求，那么你可以对这笔意外之财进行再投资，以应对不确定的未来。如此一来，当市场低迷时，你可以减少投资组合的取出比率，并且有机会在市场好转后弥补资本在低迷时的损失。

请允许我再次强调：**任何资产配置策略都会面临很多风险，包括股市风险、支付风险、宏观经济风险以及我们身处的脆弱世界带来的其他风险。**我们能做的，就是尽可能做出明智的判断，使我们的资产配置和支取随环境的变化而保持灵活。

博格理念完胜，越简单越实用

现在有很多精致的配置建议可供选择，简单的 60∶40 平衡型指数基金配置策略的优势仍在，但经常被忽视。但在 2017 年早些时候，本·卡尔森（Ben Carlson），《投资者的心灵修炼》（*A Wealth of Common Sense*）的作者，用《投资简化的一课：为什么博格模型能够打败耶鲁模型》一文向这个简单的概念致意，文章转载于《市场观察》。

纳库博基金会每年都会报告超过 800 所大学捐赠基金的收益情况，涉及 5 150 亿美元的资产。

卡尔森先生所谓的"博格模型"，是一个包括 40% 美国股票市场指数基金、20% 国际股票指数基金和 40% 美国债券市场指数基金的组合。下面的表格显示，截至 2016 年 6 月 30 日，博格模型的收益持续超过大学捐赠基金。在整整 10 年里，博格模型的收益甚至超过了收益最高的 1/10 的捐赠基金。

博格模型超过大学捐赠基金的收益,截至 2016 年 6 月 30 日

(%)

期限	博格模型	普通捐赠基金	收益最高的 1/4 的捐赠基金	收益最高的 1/10 的捐赠基金
3 年	6.4	5.2	6.3	6.6
5 年	6.5	5.4	6.2	6.6
10 年	6.0	5.0	5.3	5.4

资料来源:纳库博基金会关于捐赠的研究。

博 格 论 指 数 基 金

THE LITTLE BOOK OF COMMON SENSE INVESTING

THE LITTLE BOOK
OF COMMON SENSE
INVESTING

第 20 章

坚守指数基金

永不过时的投资常识

"博格创建的第一只指数基金,其开创性完全可以与车轮和字母的发明相提并论。"美国首位诺贝尔经济学奖获得者萨缪尔森评价博格。为什么说投资指数基金,就应该奉行待着就好,一定要坚持到底?

博格论指数基金 THE LITTLE BOOK OF
COMMON SENSE INVESTING

> # 查理·芒格

聪明的人能耐心等待,让时间流逝,体会其中的妙处。大多数人总是瞎忙活。

我在内心深处始终坚信，绝大多数美国家庭如果通过标准普尔500指数基金（或整体股票市场指数基金）持有股票，通过整体债券市场指数基金持有债券，会得到令人满意的收益。然而，高税额的投资者则应拥有成本非常低的高等级中期政府债券类的指数组合。再重复一遍，即使这类指数驱动型策略可能不是之前设计的最优投资策略，也起码胜过其他不计其数的投资策略。

巴菲特：指数基金能击败大多数专业人士

沃伦·巴菲特说过："大多数投资者，不论是机构还是个人，都会发现持有普通股的最优路径是持有收费最低的指数基金。那些踏上这条道路的投资者确信，这种方式能够击败绝大多数专业投资公司提供的净收益（扣除费用和支出后）。"（不要忘记，对于大多数投资者来说，指数基金的费用最低，也是持有债券的最佳途径。）

相信常识，拿走本属于自己那份收益

在你追求投资成功的过程中，一定要意识到：我们永远也不可能知道股票和债券在未来会产生怎样的收益，也不可能知道替代指数组合的策略会有何种表现。不管怎么说，我们还是要振作精神。因为投资世界永远都笼罩在层层迷雾之中，到处都弥漫着无法回避的不确定性。因此，这里还有很多事情需要我们去了解。事实上，我们需要考虑如下这些常识：

◎ 我们都知道，一定要尽可能早地开始投资，然后，定期把宽裕的钱放到你的投资中。

◎ 我们都知道，任何投资都有风险；我们也知道，不投资注定会让我们的未来捉襟见肘。

◎ 我们都知道股票市场和债券市场的收益源泉是什么，这也是我们的智慧之源。

◎ 我们都知道，指数基金所创造的投资组合多样化，可以帮助我们消除选择个股和选择基金经理及其投资风格带来的风险。

◎ 我们都知道，成本对投资的长期影响是举足轻重的，因此，我们也知道，应该尽可能地保证投资成本最小化。（我们还知道，税收的作用同样至关重要，因此，我们还应该保持税收成本的最小化。）

◎ 我们都知道，无论是战胜市场还是成功地选择市场时机，都可能导致自相矛盾。对少数人有用的方法不一定适合多数人。

◎ 我们都知道，对冲基金之类的替代性资产根本就不具有替代性。事实上，它们只是一个资产池，对构成典型投资者资产组合的股票或债券进行投资、再投资或减持。

◎ 归根结底，我们都知道，我们永远也不可能确知明天会怎样，更不可能知道 10 年后的世界将如何，但是，通过理性的资产配置和聪明的投资选择，你实际上已经为未来做好了准备，你将能克服一路上的艰难曲折，顺利到达成功的彼岸。

我们的任务依然如旧：赚取未来企业收益中属于我们自己的那份蛋糕。对我来说，这就是投资成功的基本思想。传统指数基金是唯一能保证我们实现这一目标的投资形式。不要让自己置身于那些在试图战胜市场的奋斗中功亏一篑的输家行列。只要遵从本书所说的常识，你就会成为成功者。

博格与富兰克林跨时空对话

我基于长期的历史观察思考我的投资原则，我发现，有一套非凡的类似原则，映射出本杰明·富兰克林（Benjamin Franklin）的智慧。思考一下他的语录和我的语录。

◎ 关于未来储蓄

富兰克林：如果你想要富裕，重视储蓄，就像你重视收入一样。记住，时间就是金钱，时间一去不复返。

博格：为确保未来财务稳健，必须积累一定的财富，不投资是一条注定失败的道路。投入你能投入的所有时间。

◎ 关于成本控制的重要性

富兰克林：关注小成本，一个小洞足以让一条大船沉没。

博格：做一些基础计算工作。你的净收益可以简单地计算为投资组合的总收益减去你支付的成本。因此，要力争使你的投资成本最小化。

◎ 关于风险

富兰克林：没有痛苦，就没有收获。不愿意冒风险撒饵，就钓不到大鱼。

博格：你必须拿出真金白银。最大的风险是没有把你的钱放在能够赚取巨大收益的地方，而不是短期（但是真实的）市场波动风险。

◎ 关于对什么是最重要的事情的理解

富兰克林：对知识的投资总是能够获得最大收益。学以致用，富于谨慎。把钱包放在脑袋里的人，没有人能从他身上拿走什么。

博格：为了成为一个成功的投资者，你需要信息。共同基金以往获得的收益信息——尤其是短期收益信息——是没有意义的，而关于风险和成本的信息才是无价之宝。

◎ **关于市场**

富兰克林：一个人可能会比其他人更狡猾，但不会比其他所有人都狡猾。

博格：不要认为自己比市场知道得还多，没有人能够做到这点。不要以你认为是独有的视角采取行动，其实那通常是数百万人共有的视角。

◎ **关于安全**

富兰克林：大船经大浪，小舟靠岸游。

博格：无论你的资产多少，将其放到一个多样化、多样化、再多样化的股票和债券组合里。适度投资的投资者要更加谨慎。

◎ **关于预测**

富兰克林：专家易于看见，难于预测。

博格：探索我们不知道的东西，需要一些智慧。

◎ **在关注自己的利益方面**

富兰克林：如果你没有一位忠诚的仆人，就自己照顾自己吧。

博格：你从来不应该忽视自己的经济利益。

◎ **关于坚持**

富兰克林：勤勉、毅力和节俭带来富足。

博格：无论发生什么，坚持自己的计划；从长期考虑；耐心和稳定是聪明的投资者最有价值的资产；"待着别动"。

是的，我直率地承认富兰克林的话比博格的话好得多，但是我俩这些看似没有交集的格言暗含着明智的储蓄原则。

不要行动——待着就好

我最后再啰唆一次，通向财富之路不只是把资本放到长期复利计算的魔法之下，还要尽量避免成本遭受的长期复利计算的陷阱。**远离高成本、高换手率和当下金融服务系统投机取巧的市场模式**。华尔街商业资本的利益建立在"不要傻待着——采取行动"这句格言之上，而大街上的投资者的利益恰好与之相反，建立在"不要行动——待着就好"这句格言之上。

杰出投资者的顶层认知

投资指数基金，一定要坚持到底

本章的思想对我来说似乎就是常识，对你而言也许也是一样。假如你对此有所怀疑的话，就请你听听 AQR 资本管理公司的执行总监克利福德·阿斯尼斯是如何看待这个问题的：

"从自身来讲，我们都知道应该怎样去投资。一个不错的类比就是减肥和减肥书。每个人都知道该怎样减肥、怎样改善自己的体型：少进食，多运动……听起来很简单……但做起来就不容易了。投资与此并无二致……有些投资和财务规划的建议简单但却不容易做到。

"这些建议大体上包括：尽可能提高投资组合的多样化程度……保持低成本……严格保持投资组合的均衡性……少花钱……多省钱……尽量不要武断地去假设未来……如果你面前出现了一顿貌似免费的午餐，除非你有足够有说服力的证据，否则它就不是免费的——然后再去反复检查……不要去监视市场……不要试图对投资做更多的事情，绝对不要做多余的事——就像希波克拉底[①]说的那样：'不要

---

① Hippocrates，公元前 460—前 370 年的古希腊医师。

做伤害之事！你并不需要什么灵丹妙药。'几乎任何事情都不能改变我们所面对的现实：历史的高收益已经一去不复返，一定要坚持最基本的投资原则。"

致 谢

在创作本书的时候,博格金融市场研究中心(Bogle Financial Markets Research Center)全体员工(共3人)提供的帮助令我感激万分。作为先锋集团的赞助机构,该中心于2000年正式开展研究工作。

我首先特别感谢高级投资分析师和研究员小迈克尔·W. 诺兰(Michael W. Nolan Jr.),他是我的伙伴,也是我的良友。现在,迈克尔已熟练地在我身边服务6年了,这是他在先锋集团16年职业生涯中的一段。诺兰实际上做了与这本书有关的所有事情——研究主题、开发数据、查证资源、帮助编辑文本、和出版商一起工作。他不仅做到了精益求精,更表现出了冷静和幽默感。

行政助理埃米莉·斯奈德(Emily Snyder)也已经跟随我工作了27年(她在先锋集团的时间已有32年),她给我的帮助难以用语言来表达。在她的身上,永远都散发着不同寻常的干练、难以置信的出色和无穷无尽的幽默。我以为当我告诉她我将要写第11本书时她会叫苦不迭，但她耐心地帮助我完成了书稿的第 8 次乃至更多次的修订——所有这一切，无非是为了把更清晰、更准确、更符合逻辑同时也更生动的好书奉献给读者。

凯茜·杨克（Kathy Younker）是我们小团队的新成员，她承担了无穷无尽的打字工作，用引人注目的技能、耐心和良好的幽默感，使我的写作节奏能够与我们极快的行动速度相协调。

我必须说明的是，我对自己在书中提出的所有观点承担全部责任。这些观点并不代表先锋集团现任管理层的看法。

不管怎样，我依然要对先锋集团以及公司员工表示真挚的感谢。我于 1974 年创建了第一只指数基金，在此后的 25 年里，我曾经先后担任首席执行官、总裁和资深总裁。无论未来如何，我都会坚持下去。

博格的传奇人生

一个人塑造一个行业

博格对投资事业充满热情和斗志

1949 年,博格就读普林斯顿大学期间,一篇介绍共同基金的文章《波士顿的巨款》(Big Money in Boston)激起了他对基金行业的兴趣,他的大学论文也以此作为主题。在毕业论文中,博格认为,基金行业应该以最高效、最经济的方式运作,可以通过降低申购费和管理费的方式,来推动行业发展。论文完成后,博格将其寄送给基金行业中的几位重要人物,幸运的是,博格的论文受到威灵顿公司掌管人沃尔特·摩根(Walter Morgan)的赏识,他让博格大学毕业后立即到威灵顿公司就职。

1958 年,在博格主导下,威灵顿公司被说服发行了公司的第二只基金,也是一只全部投资股票的主动基金。

1965 年,博格担任威灵顿公司执行副总裁,并被指定为公司接班人。不久之后，威灵顿公司与波士顿一家投资公司合并。

1972年，美股进入二战后最长的一轮熊市，一直持续到20世纪80年代。威灵顿公司股价从最高点50美元，跌到最低只有4.25美元。

1974年，公司业绩下滑，股价持续暴跌，博格与合并的投资公司发生管理纠纷。在董事会上，投票10∶1，博格被默认为负责者，被要求辞职。

如果换成一般人，这个时候可能早就离开公司了。以博格的履历，再找一份好工作也不难。但在辞职生效前，博格跟公司商量了一个委曲求全的解决方案：不解雇他，让他成立一家新的子公司，这个子公司为威灵顿公司所有，负责威灵顿公司的行政事务工作。同时，这家子公司不插手公司重要的主动投资管理，也不插手关键的基金销售渠道。

在20世纪70年代，主动投资管理和销售，几乎是主动基金公司的两大命脉，这个子公司主动舍弃，也就意味着几乎不可能参与到当时主流的基金业务中。

表面上看，博格会变成闲职，同时又不至于让公司显得太无情，董事会其他成员都通过这个方案。

当时很多人以为博格是在公司斗争中失败，心灰意冷，找个混日子的岗位。燕雀安知鸿鹄志，威灵顿公司大大低估了博格的斗志。

指数基金的曲折发展史

1974年，博格给这家先天残缺的子公司起名为先锋集团。

先锋集团成立 1 个月后，博格在《投资组合管理杂志》上看到了美国首位诺贝尔经济学奖得主保罗·萨缪尔森的一篇文章，文章中写道："至少，一些大型基金应该建立一个跟踪标普 500 指数的内部投资组合——即使只是为了建立一个初步模型，从而让它们内部的操盘手可以据此衡量自己的实力。"正是这段话再次点燃了博格对指数化投资策略的兴趣。

1975 年 9 月，博格提交了一个议案：构建一个被动的，追踪标普 500 指数的指数基金，个人投资者可以投资。

在先锋集团的董事会上，其他董事提醒博格：按照之前的规定，先锋集团不能做任何主动投资管理，也不能插手基金销售。

博格解释，指数基金是被动投资产品，不涉及主动投资管理，并且不需要动用母公司的销售资源，可以完全交给外部的券商去销售。这个说法被先锋集团的董事会通过了。

殊不知，这个看起来毫不起眼的决定，推动先锋集团成为日后投资领域最受尊敬和最成功的公司之一。

1975 年 12 月，先锋集团申请成立全世界第一只面向个人投资者的指数基金——第一指数投资信托，即现在赫赫有名的先锋 500 指数基金的前身，该指数基金追踪标普 500 指数。

标普指数公司只是象征性地收取了一点点授权费，标普指数公司根本没有意识到，指数基金授权费将会成为未来指数公司最主要的收入来源。

为了买下标普 500 指数里的 500 只股票，博格需要为新基金筹集 1.5 亿美元，为此博格动用了一切关系。

1976 年 8 月，博格只募集到了 1 132 万美元，不及目标的十分之一。这么少的资金，完全无法买下标普 500 指数的全部股票。博格只能采取抽样复制的方法拟合指数走势，买下标普 500 指数的部分股票。

媒体给这只基金取了个外号，叫"博格的蠢事"。但博格却说："1 132 万美元也是一个非常好的开始。"

在《指数基金投资从入门到精通》(All About Index Funds) 里，理查德·A. 费里（Richard A. Ferri）回忆道：当时的大基金公司对指数基金不屑一顾，如果客户问到指数基金，应该回答，"平均收益是给普通投资者的，我们认为我们的客户并不普通"。

20 世纪 70 年代到 80 年代，美股经历了长达 10 年的熊市，先锋 500 指数基金的表现也非常低迷，其收益大比分输给了大多数的基金经理。当时，指数基金并不被广大投资者所认可，在此期间，先锋 500 指数基金面临连续 83 个月净赎回。

平心而论，怀抱远大理想的博格走了一步险棋，既没有基金经理打败华尔街的传奇故事，又没有其他基金公司拿手的广告攻关，指数基金靠低成本、低风险为持有人谋福利，却落得个门前冷落鞍马稀的下场。

直到 1981 年，先锋 500 指数基金的规模才突破 1 亿美元。1990 年，公司成立后第 15 年，先锋 500 指数基金才超过 10 亿美元。

博格的坚忍不拔终于得到补偿："看着它（先锋基金）开始超过其他基金，看着它逐步获得额外的边际利润，我们对此的信心得到了增强。"

1975 年，博格创建第一只面向个人投资者的指数基金；1993 年，全世界诞生第一只可在证券交易所实时交易的交易型开放式指数基金。

当时有金融同行建议博格把先锋 500 指数基金作为交易工具，率先开发 ETF，博格毫不犹豫地拒绝了。博格非常珍视指数基金之父的头衔，但一直对外强调 ETF 违背了创建指数基金的初衷。博格是希望创建一种能降低交易成本、降低税费，以及尽一切努力降低一切交易摩擦成本的长生不死投资产品，ETF 是将指数基金像单只股票一样交易，很容易让普通投资者陷入频繁交易的陷阱，频繁买卖容易犯错，与博格创建指数基金的投资理念背道而驰。

博格的坚守，成为"华尔街的良心"

在先锋集团成立的 15 年时间里，博格进行了两项改革，为指数基金的崛起奠定了基础。

第一项改革，是让先锋集团被其管理的基金所有。

正常情况下，基金管理费减去各项成本，剩下的收益会归基金公司所有。但在先锋集团，公司作为成本项，即管理费减去公司各项成本，剩下的收益归基金所有。

第二项改革，砍掉了指数基金的高昂申购费。

20 世纪 70 年代，基金主要依靠销售人员来销售，同时销售人员会收取高达 8% 的申购费，这在今天是难以想象的，因为现在主流的基金申购费是 1%～1.5%。并且大多数基金销售平台打一折，实际收取的是 0.1%～0.15%。

这些举措,在当时的金融行业眼中是离经叛道的、难以理解的。当时,博格的行为被业内其他人嘲笑为"非美国式"和"平庸之路"。

但也正因如此,博格才打造出成本最低的指数基金体系。

希拉里·克林顿(Hillary Clinton)、贝拉克·奥巴马(Barack Obama)等政界人士都是先锋集团的客户,保罗·萨缪尔森也投资先锋集团的指数基金。

2005年,保罗·萨缪尔森在波士顿对投资专业人士发表演讲时表示:"我认为博格的创举与车轮、字母表、古滕堡印刷术以及葡萄酒和奶酪等发明同等重要,共同基金并未让博格致富,但提高了共同基金投资者的长期回报。这是太阳底下的新事物。"

2019年10月,经历40多年发展,先锋500指数基金成为全球规模最大的指数基金之一,资产规模高达5 007亿美元,规模增长了约5万倍。至此,博格依靠自己的坚守,长时间用心耕耘,彻底奠定指数基金的江湖地位。

在2019年福布斯富豪榜上,投资大师巴菲特以825亿美元位居第三,当时先锋集团管理资产规模超6万亿美元,为什么博格却不是亿万富翁,没有在福布斯富豪榜上出现?因为他放弃集团所有权,选择让投资者成为先锋基金的股东。如果博格没有放弃所有权,2019年就应该是全世界排名前三的大富翁。

由于博格开创了面向个人投资者的指数概念,他被称为"指数基金之父"。

博格奉行"投资者第一"的理念,"博格的蠢事"后来逐渐被"华尔街的良心"所取代。

本杰明·格雷厄姆、沃伦·巴菲特、彼得·林奇、约翰·博格并称为20世纪美国四大投资巨人。

巴菲特立十年赌约，为博格站台

巴菲特说："发展指数基金并不符合华尔街的利益，因为它大幅降低了费用，却能给普通投资者带来优于专业人士整体表现的回报。而如果没有博格，指数基金绝对不能发展到今天这个样子。当然华尔街并没有为他鼓掌，他受到了很多嘲讽。现在，当我们进入指数基金时，我们正在谈论数万亿美元。"

2007年12月，巴菲特发布"十年赌约"："在2008年1月1日到2017年12月31日这10年里，标普500指数的收益率表现将超过扣除手续费等各种成本后的对冲基金组合。"

赌注是100万美元（后来被加至222万美元）。如果巴菲特获胜，这笔钱将打给巴菲特指定的慈善组织；如果对方赢了，将打给对方指定的慈善组织。

2016年，在致股东的信中，巴菲特说："我提出赌注期限为10年，并点名低成本的先锋500指数基金来押注。随后，我充满期待地等待各个基金经理（他们可以把自己管理的基金包括在5只基金内）蜂拥而来，为他们的职业辩护。但随之而来的是寂静之声。尽管有成千上万的基金经理靠推销自己的选股本领累积了惊人的财富，但却只有泰德·西德斯（Ted Seides）接受我的挑战。"

对冲基金公司普罗蒂杰（Protege Partners）的泰德·西德斯站

出来接受了这个赌约，最终巴菲特大获全胜。

博格是巴菲特心中的英雄，巴菲特多次推荐博格的书籍，并且推荐投资者购买先锋集团旗下的标普 500 指数基金：由专业人员进行的主动投资管理，在多年的时间内表现会落后于选择被动投资的业余人员。通过定期投资指数基金，一个什么都不懂的业余投资者，往往能够战胜大部分专业投资者。

巴菲特曾公开说："如果要树立一座雕像，用来纪念为美国投资者做出最大贡献的人，那么毫无疑问应该选择约翰·博格。博格早年经常受到投资管理行业的嘲笑。然而，今天，他很满意地知道，他帮助了数百万投资者，使他们的储蓄获得了远比他们本来能赚到的更好的回报。他是我们的英雄。"

巴菲特甚至将博格的投资理念写进遗嘱：我对托管人的建议再简单不过，把 10% 的现金用来买短期政府债券，把 90% 的现金用于购买非常低成本的指数基金。我相信，遵循这些方针的信托，能比大多数聘用昂贵投资经理获得更优的长期回报，无论是养老基金、机构还是个人。

巴菲特评价博格：他的独一无二的投资理念在基金业掀起了一场运动，最终使投资者得到了更好的服务，他对美国投资者做的贡献，超过历史上任何一个人。

博格受邀参加巴菲特股东大会

2017 年，在好友史蒂夫·加尔布雷斯（Steve Galbraith）与巴菲特的联合安排下,即将满88岁的博格踏上了前往奥马哈之旅,参加伯克希尔·哈撒韦股东大会。

在股东大会上,巴菲特说到赌约的情况:先锋500指数基金在这10年中拥有7.1%的复合增长率,而泰德·西德斯挑选的5只基金组合只有2.2%的复合增长率。

博格登台致辞:"我承认,在这个盛大的场合,我为自己对投资界的贡献,以及那些将资产委托给先锋指数基金的投资者的财富增长,感到非常满意。我也有普通人的情感!赞美是美妙的,认可也是,甚至被围观群众追着拍照也没关系。但与他人的持久联系,才是生活的价值所在。我珍视与巴菲特和加尔布雷斯之间的友谊,以及我们之间的相互钦佩和欣赏,他们都是正直、聪明的重量级人物。在我的有生之年,这些联系会一直持续。"

根据晨星公司的数据统计,截至2023年年底,美国的被动型基金资产总规模为13.293万亿美元,而主动型基金资产总规模为13.234万亿美元。这意味着,美国的被动型基金规模已经超越了主动型基金,这是一个历史性时刻,反映了投资者对低成本、低风险的投资需求。

同时,指数化趋势并不限于美国,近年来,中国被动型指数基金的规模也快速增长,以被动型债券基金为例,规模由2018年年末的969亿元增长至2023年年末的7 788亿元;2024年3月,华泰柏瑞沪深300ETF总规模正式超过2 000亿元,达到2 002.76亿元,成为国内股票ETF历史上第一只规模站上2 000亿元大关的指数基金。

截至 2024 年 3 月，先锋集团管理资产规模超 9 万亿美元，时任先锋集团首席执行官蒂姆·巴克利说："约翰·博格不仅影响了整个投资行业，更重要的是影响了无数个人为未来或子女的未来储蓄的生活。他是一位非常聪明、有动力、才华横溢的人，他的想法彻底改变了我们的投资方式。我们很荣幸能够继续为每位投资者提供公平的动力。"

附 录

博格50年投资心得

1. 你要有现实的投资预期,投资如寡淡的面包圈,投机如香腻的甜甜圈。

2. 别在草堆里找针,你应该把整个草堆都买了(与其选股,不如投资指数基金)。

3. 记得均值回归。

4. 那种当某个信号发出,投资者就应该进入或退出市场的理论是不可信的。我纵横投资界近50年,从没见过谁能做到持续而精准的择时。

5. 时间是你的朋友,冲动是你的敌人。

6. 慎重考虑增加成本的建议。

7. 不要高估基金以往的业绩。

8. 每天学习，尤其是从别人的经历中学习。这个更便宜！

9. 指数基金是一种明智的、可用的方法，可以毫不费力地以最低的费用获得市场的回报率。指数基金消除了个股、市场和基金经理选择的风险，只留下股市风险。

10. 揣测短期的市场时机是输家的游戏，我们都不知道明天会怎么样，我不知道，任何人都不知道。所以我只做10年的合理预测，其他的预测都不做。

11. 先锋集团践行的四项投资原则：目标、平衡、成本、纪律。

    目标：投资前，制定明确的、适当的投资目标

    适当的投资目标应该是可衡量和可实现的。成功不应取决于超大的投资回报或不切实际的储蓄或支出要求。明确定义目标并实现目标的方法可以保护投资者，避免亏损。

    平衡：构建一个广泛的、多元化的资产配置

    合理的投资策略始于适合投资组合目标的资产配置。资产配置应基于对风险和收益的合理预期，并使用多元化投资以避免不必要的风险。由于所有投资都涉及风险，投资者必须通过投资组合来管理风险和潜在回报之间的平衡。

    成本：最大限度地降低成本

    市场无法预测。成本是永恒的，成本越低，投资回报份额就越大。研究表明，低成本投资往往优于高成本的替代品。你无法控制市场，但你可以控制成本和税费。

纪律：投资需要有长远目光，严守投资纪律

投资可能引发强烈的情绪波动。面对市场波动，一些投资者可能会做出冲动的决定，无法实施投资策略或根据需要重新平衡投资组合。在市场不确定时期，长远目光和纪律可以帮助投资者继续致力于长期投资计划。

GRAND CHINA

中资海派图书

[美] J. 戴维·斯坦恩 著
庞鑫 刘寅龙 译
定价：79.00 元

扫码购书

《杰出投资者的底层认知》

搭建投资创富的底层操作系统
练就长期投资成功必修基本功

  《杰出投资者的底层认知》是一本通俗易懂却洞悉投资精髓的指南。在书中，斯坦恩提供了一个由十个简单、清晰问题构成的最优投资决策框架与流程，能帮助我们对投资中所有重要的方面做出理性评估，纠正和避免各种常见的错误行为，并创造令人愉快的长期回报率。

  此外，本书还创见性地界定了管理投资组合应遵循的原则：并非准确预测未来或超越其他投资者，而是一个将多种资产进行合理配置的过程；一方面，最大程度减少市场重大回撤造成的个人财务亏损，另一方面，创造高于通货膨胀率的收益率，从而实现风险可控且正收益的终极目标。

  本书不仅适用于交易新手，也适合有多年投资经验的老手；投资中的十大底层概念性问题，作为众多杰出投资者思想大厦的根基，永不过时。

[加拿大] 塞巴斯蒂安·佩奇 著
庞鑫 黄石 译
桂林 专业审订
定价：99.80 元

扫码购书

《杰出投资者的顶层认知》

机构投资者构建体系化的深度认知护城河
战略与战术性资产配置的底层逻辑新范式

《杰出投资者的顶层认知》由普信集团的顶尖资产配置专家塞巴斯蒂安·佩奇撰写，他援引两百多篇金融学家文章，融合众多诺贝尔经济学奖得主和前沿金融思想家的研究成果，诠释了资产配置、风险衡量和预测收益等领域最新的调查研究成果。

- 近年来，指数型投资策略的市场份额已超过主动管理型策略，主动选股者应如何第一时间找到被大量抛售的 ETF，识别其中的局外股，因主动选股而赚取超额收益？

- 市盈率、市净率和市现率等基本面分析指标，哪个指标最有可能预测实际收益与初始净利润和增长预测之和的差？是否存在将前瞻性投资判断与量化分析相结合的方法？

- 在金融危机期间，多元化投资几乎毫无例外地以失败告终，在某些市场环境下，股票-债券相关性甚至会失效，为何久期风险可能是多资产组合中唯一真正的多元化来源？

海派阅读 GRAND CHINA

READING YOUR LIFE

人与知识的美好链接

20年来，中资海派陪伴数百万读者在阅读中收获更好的事业、更多的财富、更美满的生活和更和谐的人际关系，拓展读者的视界，见证读者的成长和进步。现在，我们可以通过电子书（微信读书、掌阅、今日头条、得到、当当云阅读、Kindle等平台），有声书（喜马拉雅等平台），视频解读和线上线下读书会等更多方式，满足不同场景的读者体验。

关注微信公众号"**海派阅读**"，随时了解更多更全的图书及活动资讯，获取更多优惠惊喜。你还可以将阅读需求和建议告诉我们，认识更多志同道合的书友。让派酱陪伴读者们一起成长。

微信搜一搜　🔍 海派阅读

了解更多图书资讯，请扫描封底下方二维码，加入"中资书院"。

也可以通过以下方式与我们取得联系：

📞 采购热线：18926056206 / 18926056062　　📞 服务热线：0755-25970306

✉ 投稿请至：szmiss@126.com　　🌐 新浪微博：中资海派图书

更多精彩请访问中资海派官网　　www.hpbook.com.cn